O LIVRO DO CHÁ

Kakuzo Okakura

O LIVRO DO CHÁ

Tradução
CLÁUDIO GIORDANO

EDITORA PENSAMENTO
São Paulo

Título original: *The Book of Tea*.

Copyright © 2008 Editora Pensamento-Cultrix Ltda.

Todos os direitos reservados. Nenhuma parte deste livro pode ser reproduzida ou usada de qualquer forma ou por qualquer meio, eletrônico ou mecânico, inclusive fotocópias, gravações ou sistema de armazenamento em banco de dados, sem permissão por escrito, exceto nos casos de trechos curtos citados em resenhas críticas ou artigos de revistas.

A Editora Pensamento-Cultrix Ltda. não se responsabiliza por eventuais mudanças ocorridas nos endereços convencionais ou eletrônicos citados neste livro.

Dados Internacionais de Catalogação na Publicação (CIP)
(Câmara Brasileira do Livro, SP, Brasil)

Okakura, Kakuzo, 1862-1913.

O livro do chá / Kakuzo Okakura ; tradução Cláudio Giordano. — São Paulo: Pensamento, 2009.

Título original: The book of tea.
ISBN 978-85-315-1572-9

1. Cerimônia japonesa do chá I. Título

09-02609   CDD-394.15

Índices para catálogo sistemático:

1. Chá : Usos e costumes 394.15

O primeiro número à esquerda indica a edição, ou reedição, desta obra. A primeira dezena à direita indica o ano em que esta edição, ou reedição, foi publicada.

Edição   Ano
1-2-3-4-5-6-7-8-9-10-11   09-10-11-12-13-14-15

Direitos de tradução para o Brasil
adquiridos com exclusividade pela
EDITORA PENSAMENTO-CULTRIX LTDA.
Rua Dr. Mário Vicente, 368 — 04270-000 — São Paulo, SP
Fone: 2066-9000 — Fax: 2066-9008
E-mail: pensamento@cultrix.com.br
http://www.pensamento-cultrix.com.br
que se reserva a propriedade literária desta tradução.

SUMÁRIO

Introdução 9

Introdução à Edição Brasileira 27

1. A TAÇA DA HUMANIDADE 39

O chá transfigurado em Chaísmo, religião do esteticismo, a adoração do belo em meio ao cotidiano. O Chaísmo desenvolvido entre nobres e camponeses; o mútuo mal-entendido entre o Novo e o Velho Mundo. O culto do chá no Ocidente; primeiros registros do chá na literatura europeia. A versão taoista da luta entre Espírito e Matéria; o conflito moderno pela riqueza e pelo poder.

2. AS ESCOLAS DE CHÁ 51

Os três estágios da evolução do chá; o chá fervido, o chá batido, o chá por infusão, representativos das três dinastias chinesas: Tang, Sung e Ming. Lu Wu, o primeiro apóstolo do chá. Os ideais de chá das três dinastias. Para o chinês moderno, o chá é uma bebida deliciosa, mas não um ideal. No Japão, o chá é uma religião da arte de viver.

3. TAOISMO E A PRÁTICA DO ZEN 63

A conexão do zen com o chá. O taoismo e seu sucessor, o zen, representam a tendência individualista da mentalidade do chinês sulino. O taoismo aceita o mundo e busca a beleza deste nosso mundo de aflição e inquietude. O zen enfatiza os ensinamentos do Taoismo. Por meio da meditação sagrada pode-se alcançar a autorrealização plena. O zen, como o taoismo, é o culto da Relatividade. O ideal da prática do chá é o resultado da concepção zen de grandeza mesmo nos menores incidentes da vida. O taoismo forneceu as bases dos ideais estéticos, o zen colocou-os em prática.

4. A CASA DE CHÁ **77**

A casa de chá não pretende ser nada além de uma pequena casa de campo; simplicidade e purismo da casa de chá. Simbolismo presente na construção da casa de chá e seu sistema de decoração. Um santuário para fugir às perturbações do mundo exterior.

5. A APRECIAÇÃO DA ARTE **93**

Necessidade de uma comunhão harmoniosa de mentes para aproveitamento da arte. Entendimento secreto entre nós e o mestre. O valor da sugestão. A arte vale apenas na medida em que nos diz alguma coisa. Não existe sentimento real na maior parte do entusiasmo aparente de hoje. Confusão entre arte e arqueologia. Estamos destruindo a arte quando destruímos as belezas da vida.

6. FLORES **103**

Flores, nossas amigas permanentes. O mestre de flores. O desperdício de flores nas sociedades ocidentais. A arte da floricultura no Oriente. Os mestres de chá e o culto das flores. A arte do arranjo de flores. A adoração da flor pela sua simples existência. Os mestres de flores. Dois ramos principais das escolas de arranjos florais: o formalista e o naturalista.

7. OS MESTRES DE CHÁ 117

A apreciação real da arte só é possível para aqueles que fazem dela uma influência de vida. Contribuições dos mestres de chá à arte. Influência deles na conduta de vida. O último chá de Rikyu.

Posfácio 123
Notas 125

INTRODUÇÃO

1

Ao correr da segunda metade do século XIX, no governo do Imperador Meiji, o Japão lançou-se em notável programa de modernização. Perceberam claramente seus dirigentes que, se o Japão devia sobreviver como nação, esta carecia de igualar-se em poder com o Desastre Branco que consigo trouxera o Comodoro Perry. O governo convidou toda sorte de eruditos, inclusive peritos militares, das principais nações ocidentais e fundou universidades onde pudessem ensinar. Os mais promissores entre os jovens japoneses graduados nessas universidades foram, depois, enviados à Europa e à América para estudar as novas ciências em primeira mão. A princípio, o programa pareceu fácil, pois os jovens aprendiam rapidamente. Surgiram, porém, dificuldades: patenteou-se logo que a modernização significava muito mais do que o mero descarte da velha física de teor místico herdada da China e estudar o Barão Helmholtz ou Lord Kelvin, ou permitir a abertura de embaixadas estrangeiras em Tóquio, ou abrir uma estrada de ferro em meio a bosques de cedros centenários. Foi gradualmente ficando claro que a modernização implicava a destruição de todo um estilo de vida.

A maioria dos japoneses aceitou as novas ideias com espírito de lealdade. Famílias de tradição feudal passaram a usar terno, aprenderam a sentar-se em cadeiras e dedicaram-se a práticas comerciais, até então consideradas degradantes. Esforçaram-se para pensar como ocidentais, chegando mesmo a comer carne (proibido pelo budismo), embora muitas vezes engasgassem.

Entretanto, nem todos os japoneses estavam dispostos a aceitar o programa governamental. Achavam muitos que o preço era demasiado alto e que muito do valor estava sendo perdido; outros resistiam à mudança por razões egoísticas. A primeira oposição, na década de 1860, foi direta e violenta, quando feudalistas tão medievais quanto os cavaleiros de Froissart rebelaram-se e foram finalmente esmagados pelas forças do exército. A geração seguinte, porém, na mesma época que produziu Vivekananda e Tagore na Índia, gerou novo e mais sutil surto de protesto contra a ocidentalização. Talvez tenha sido significativo que, enquanto na Índia a reação era religiosa e política, no Japão era moral e estética.

Entre os mais importantes desses estetas do final do século XIX, que procuraram abrigar a ipomeia durante o processo de transplante, conservando-lhe um pouco do velho bolor ao redor das raízes, estava Kakuzo Okakura, autor deste pequeno clássico *O Livro do Chá*.

A família Okakura fora samurai na província de Fukui até meados do século XIX, época em que o pai de Kakuzo Okakura estabeleceu-se como comerciante de sedas, mudando-se para Yokohama, onde nasceu Kakuzo, em 1862. A família prosperou, sendo Okakura enviado para a nova Universidade Imperial de Tóquio, então uma instituição de língua inglesa, onde se graduou em Artes, em 1880, com louvor em filosofia e literatura inglesa. Já possuía nessa época bons conhecimentos do chinês.

Um dos conceitos básicos do pensamento oriental – anterior mesmo a Confúcio – tem sido a crença de que as forças alternativas, diametralmente opostas, como o dia e a noite, regem o universo. São chamadas na linguagem chinesa de yang e yin. Um é escuro e feminino, o outro claro e masculino. Cada um tem o seu tempo de apogeu, mas dentro dele, como uma semente ou germe, está subjacente a outra força que finalmente emergirá e dominará. Essa era a situação do jovem Okakura, pois, bem no coração da ocidentalização, na Universidade Imperial de Tóquio, aprendeu a dar valor a sua própria cultura, tendo como professor o famoso Ernest Fenollosa. Formado pela Harvard, Fenollosa viera ao Japão para ensinar filosofia e ciências políticas, mas sucumbira aos encantos da cultura e artes tradicionais japonesas. Mais do que qualquer outra pessoa, Fenollosa conteve a tendência de ocidentalização nas artes e despertou nova compreensão para a herança nativa do Japão.

Hoje, é-nos difícil perceber quanto do Japão antigo foi jogado fora no afã de buscar novos caminhos. As escolas públicas estavam obcecadas pelo ensino do claro-escuro e da perspectiva europeia, e as antigas técnicas japonesas eram ridicularizadas ou ignoradas. Isso chegou a tal ponto, que até o tradicional pincel de tinta, aperfeiçoado durante séculos para uso na pintura e na escrita, foi banido das escolas e substituído pelo desajeitado pincel ocidental para óleo. Os tesouros da antiga arte japonesa não só não eram mais entendidos, como ainda eram frequentemente vistos com certa humilhação. Famílias tradicionais, carentes de dinheiro para enfrentar a nova economia monetária, vendiam heranças por uma ninharia, e contam-se mesmo histórias de mosteiros e templos cujos antigos Budas de madeira foram convertidos em lenha para fogo. Desse modo, tanta obra de arte japonesa foi comprada a preços fantasticamente baixos por americanos como Fenollosa, Edward Morse e W. S. Bigelow, que os japoneses ainda precisam ir à América do Norte para apreciar grande parte de sua herança nacional.

O dinamismo e o entusiasmo de Fenollosa converteram Okakura, como o fizeram a outros, e ambos trabalharam estreitamente unidos, servindo Okakura de intérprete de Fenollosa em suas conferências e viagens. Não tardou a receberem incentivos; e com dispositivo governamental em mãos, autorizando-os a inventariarem a arte religiosa, saíram à cata de antigos relicários, coligindo e preservando tais tesouros quando ainda existiam. Van Wyck Brooks, em seu romance *Fenollosa and His Circle*, traduz bem a satisfação entusiasta com que Okakura e Fenollosa descobriram obras-primas atrás de obras-primas insuspeitas em quartos de despejo e setores abandonados dos templos. Seu trabalho não deixou de ser reconhecido, e quando o governo deu uma repentina guinada contra o Ocidente, Fenollosa, além de ser premiado com diversas condecorações, recebeu comissão imperial em 1886 para estudar história da arte e técnicas de museu na Europa. Okakura e outro japonês o acompanharam.

No retorno ao Japão, porém, Okakura e Fenollosa tomaram rumos distintos, uma vez que, aparentemente, chegaram à conclusão de que não lhes era mais possível trabalhar juntos, a despeito do respeito mútuo que se votavam e dos interesses comuns. Os motivos da separação parece que foram pessoais, pois ambos eram agressivos, egoístas e levados a fortes emoções nas questões sobre arte. Somado a isso, surgia certo ressentimento à medida que Okakura superava Fenollosa, que, na verdade, jamais se sentiu em casa, no tocante aos idiomas orientais. Em 1890, o ativo Fenollosa deixou o Japão e foi ser curador de arte oriental no Museu de Belas Artes de Boston, e Okakura, como chefe interino do movimento de conservação e diretor da Escola de Arte de Tóquio, começou independentemente sua carreira.

Controverso sempre e continuamente envolvido em discussões pessoais e intrigas palacianas, Okakura veio a cair em profundo desagrado do governo, e em 1898 demitiu-se do seu cargo oficial e fundou uma escola nova, a Instituição de Arte Japonesa, voltada ao estudo das artes e de seus pressupostos filosóficos dentro da Grande Tradição. Tratava-se de uma escola oriental do tipo mais extremado: não havia ilusões quanto a quem era o mestre, nem ambiguidade quanto a seu ponto de vista, que era asiático, pois, na sua maturidade, Okakura acabou reconhecendo que a aculturação não era um dilema do Japão apenas, afetando também as demais nações da Ásia. Assim, acabou por encarar a Índia e a China (fontes principais da civilização asiática) juntamente com o Japão, como peças de uma cultura mais ampla e tradicional, diametralmente oposta aos caminhos do Ocidente obcecados pela evolução. Cada vez mais cresceu dentro de Okakura a ideia de que sua missão era "proteger e restaurar o modo asiático de pensar e de viver". Em 1902, visitou Rabindranath Tagore em Bengala, tendo recebido uma acolhida efusiva, porquanto, a essa altura, já assumira a estatura de personalidade asiática. A Índia, em particular, estava inclinada a aceitar o ponto de vista básico de Okakura: "A arte antiga da Ásia vale mais do que a de qualquer escola moderna, pois a razão de ser do impulso artístico é o processo de idealismo e não de imitação."

Todavia, surgiram dificuldades; o governo recusou subvenção à escola de Okakura, desesperadamente carente de fundos. Okakura, para enfrentar a situação, reuniu uma porção de objetos de arte e embarcou para vendê-los na América, onde o mercado crescia rapidamente. Era o momento crítico de sua vida, como o fora seu encontro com Fenollosa: Okakura permaneceu na América, encontrando em Boston o refúgio que não conseguira achar no Japão.

Na América, Okakura reatou o contato com o pintor John Lafarge que conhecera quando este e Henry Adams visitaram o Japão, alguns anos antes. Lafarge aproximou-o de Isabella S. Gardner, de Boston, cujo fabuloso palácio em estilo renascentista italiano vinha se tornando o centro de um movimento eclético de arte nessa cidade.

"Trata-se de um dos mais inteligentes críticos de arte – escreveu Lafarge à Sra. Gardner – e posso afirmar, de tudo que conheço. Sua profunda erudição, sob certos aspectos, é equilibrada pela sua percepção da inutilidade de muita coisa que ele sabe." Esta introdução era adequada, uma vez que Okakura, erudito profundo tanto pelos padrões ocidentais quanto pelos orientais, era também homem que acreditava na utilidade do conhecimento.

Okakura caiu no agrado da Sra. Gardner e de seus convivas, pois sabia aliar todo o encanto do Oriente a um conjunto de conhecimentos de notável solidez. Vendeu então suas obras de arte em prol do Instituto e, com o dinheiro obtido, mandou seus companheiros de viagem de volta para o Japão. Quanto a si, decidiu permanecer na América. Fez conferências sobre as artes do Oriente e através dos contatos da Sra. Gardner, apresentou-se, em 1904, na Conferência Internacional de Cultura e Literatura, por ocasião da Exposição Internacional de St. Louis. Foi ouvido com o mesmo entusiasmo como o fora Vivekananda em Chicago, alguns anos antes, pois a América estava muito receptiva aos orientais inteligentes.

Os caminhos paralelos de Okakura e Fenollosa continuaram a cruzar-se e a anteciparem-se mutuamente. Fenollosa, em circunstâncias não muito claras, deixou o Museu de Belas Artes de Boston, e Okakura, que em 1906 era Consultor, passava em 1911 a Curador da Arte Japonesa e Chinesa. Foi uma indicação pertinente porque sob sua orientação as coleções atingiram o auge da perfeição, a ponto de se ter sediada em Boston uma colônia de artesãos japoneses para a reparação e restauração de peças danificadas. As coleções orientais do Museu de Boston tornaram-se mundialmente famosas, e chegou-se a dizer que o estudo da arte oriental atingiu com Okakura sua primeira maturidade. Salientou ele a visão sistemática de conjuntos de arte (em contraste com peças isoladas) e ia ao Oriente, quase que a cada estação, em busca de novas peças.

Suas viagens à China provavelmente dariam novelas deliciosas, a darmos crédito a metade dos rumores que a respeito delas se ouve. Viajava disfarçado, com um rabicho falso, confiando em seu domínio do idioma chinês para percorrer aquelas regiões incertas. Foi assim que conseguiu fabulosos tesouros artísticos, numa época em que os colecionadores chineses ocultavam seus bens, tomados do medo de serem confiscados. Não fossem tais viagens, é desnecessário dizer que as coleções americanas de arte chinesa seriam consideravelmente mais pobres.

Durante esse período de frenetismo nas atividades de educação, coleção, classificação, conferências e viagens, Okakura encontrou tempo ainda para escrever profusamente para jornais americanos e orientais. Ainda em vida viu a publicação de três livros: *The Ideals of the East* (1903), *The Awakening of Japan* (1904), e *The Book of Tea* (1906). O quarto, *The Heart of Heaven*, foi publicado em 1922, nove anos depois de sua morte.

Okakura retornou ao Japão em 1913, como fazia normalmente para visitar a esposa e os filhos, e em setembro notícias de sua morte chegavam a Boston. Ele falecera em Tóquio, de gripe. Foi sepultado na América, sendo ainda hoje lembrado como o autor de *O Livro do Chá*.

2

Até agora falei de Okakura apenas como uma força que fez certas coisas, como um dinamismo que fez muitíssimo para transformar a história por meio de processos que ele pôs em ação. Mas, que tipo de homem era ele pessoalmente?

Não é coisa que se possa responder com facilidade, dado que era uma estranha mistura de brilhantismo e infantilidade, de visão penetrante e reações muito semelhantes à do avestruz. Era homem com uma missão e sofria das contradições que não raro caracterizam os missionários. Era afável e encantador com os amigos, mas arrogante, irascível e ferino com os que o irritavam – e estes eram muitos, pois ele não admitia oposição. Tinha nítida visão dos perigos que se punham à cultura japonesa, numa época em que se interpretava o "progresso" com muita ingenuidade, tanto no Ocidente como no Oriente, padecendo ele próprio em boa escala de miopia cultural: deixava-se levar sentimentalmente pelas mais absurdas trivialidades da história japonesa, não sabendo muitas vezes distinguir o lixo e o rebotalho de um passado morto, dos componentes debilitados de uma tradição viva (embora submersa) que merecia ser cultivada. Osvald Sirén estabelece com grande clareza esta dicotomia ao dizer que "Okakura era uma daquelas raras pessoas em que os sentimentos intuitivos, talvez um tanto vagos, do japonês misturavam-se às faculdades analíticas do ocidental".

Talvez possamos entender Okakura e sua obra, *O Livro do Chá*, se o examinarmos como uma multiplicidade. Primeiramente tivemos Okakura como um erudito. Ele fora inquestionavelmente um homem de gênio, um dos maiores eruditos da história dos tempos modernos. Conhecia o Oriente como poucos o conheceram, combinando o enfoque penetrante do Ocidente com um conhecimento nativo do Japão, Coreia, China e outros países. Seu conhecimento de todos os ramos da arte oriental era, para a época, inigualável, estando quase tão familiarizado com a cultura da Índia quanto do Extremo Oriente. Era, outrossim, linguista singular, como se pode ver neste livro, escrito com muito ardor.

Em segunda instância tem-se o Okakura messias. Em que pese seu encanto e um conjunto de amizades profundas, Okakura era, em essência, um homem impaciente e intolerante, com o dom de fazer inimigos. A trajetória de sua vida está repleta de brigas. Pior ainda: prendado notavelmente para a réplica, era praxe vencer com brilho os duelos verbais, pois pensava sempre e prontamente coisas que os outros, depois, gostariam de ter dito. Tinha algo também de oportunista, embora de cunho peculiarmente desinteressado, e parece haver pouca dúvida que tudo fez para vencer seu antigo companheiro Fenollosa. Foi mestre de violento autoritarismo, exigindo obediência absoluta de seus seguidores. Por vezes, agia mais como monge lamaísta do que como professor de arte. Em protesto à ocidentalização desenhou vestes e toucas bizarras, que usava em sua escola no Japão. Não raro, mostrava-se uma pessoa maçante, irritante.

O terceiro aspecto de sua personalidade é o mais estranho de todos. Nele se tinha o erudito profundo e o militante estético-religioso que, além disso, não tinha vergonha de externar seus sentimentos. Podia falar profundamente sobre gatinhos nas cartas à Sra. Gardner. Podia escrever poemas em inglês que passariam por versos delicados de Swinburne. Podia ainda escrever sobre antigos contos de fada japoneses como se acreditasse em cada gnomo, mulher-raposa e samurai formidável de toda a saga folclórica. Esse era o Okakura sentimental.

Todas essas personalidades emergem de sua obra. O grande erudito exibe-se em artigos doutos. O sentimentalista extravasa em muitas das produções publicadas postumamente em *The Heart of Heaven*, de que algumas partes podem com justiça ser chamadas infantis. O visionário e o messias têm também lugar marcante em *The Ideals of the East* e em *The Awakening of Japan*. O primeiro desses livros é uma apresentação clara da filosofia esotérica da arte, continuada mais tarde por homens como Coomaraswamy; o segundo pode repugnar ao leitor ocidental, por manifestar uma admiração religiosa pelas reivindicações sobrenaturais do Mikado, por enfatizar a pureza de sangue e simpatizar com os aspectos culturais mais desagradáveis do nacionalismo.

A melhor síntese das múltiplas personalidades de Kakuzo Okakura encontra-se na conhecidíssima obra *O Livro do Chá*. Nele verificou-se uma fusão notável de elementos díspares. O Okakura erudito revelou seus conhecimentos; o visionário e o messiânico Okakura direcionou esses conhecimentos e o Okakura crítico deu-lhes vestes encantadoras. O resultado aí está: a tradução de um dos mais deliciosos volumes de ensaio.

3

O Livro do Chá é um clássico moderno, lido por centenas de milhares de pessoas, como uma introdução agradável ao modo de vida japonês. Aparentemente, Okakura escreveu-o sem o auxílio de amigos da língua nativa e leu-o de viva voz no círculo da Sra. Gardner. A linguagem é digna de nota, fácil, graciosa, extraordinariamente clara e precisa.

No entanto, sob essa superfície colorida e encantadora, *O Livro do Chá* é, em ampla escala, uma apologia do caráter conservador do Japão. E uma tentativa para explicar ao mundo ocidental, simbolicamente, como os japoneses sentem os aspectos de sua cultura e por quê. Mas sem um romantismo suave a respeito disso, como ocorre com as histórias ou os ensaios de Lafcadio Hearn. Sua linguagem ondulante e alusões agradáveis ocultam uma rigidez de pensamento tão afiada e penetrante quanto a espada de um samurai do passado.

Buscando explicar o "orientalismo" peculiar do Oriente, Okakura valeu-se do chá para simbolizá-lo. No Extremo Oriente o chá assume a mesma importância que o sal para nós; significa aquela essência que empresta sentido e sabor àquilo que, sem ela, seria monótono e insípido. É provável, entretanto, que Okakura não tenha sido o criador deste tipo de livro-símbolo, porquanto, amplamente letrado como era, devia estar informado a respeito desse gênero de literatura. Havia, por certo, inúmeras obras do Oriente Próximo e Médio, em que se expressava a respeito da "Vida" em termos de joias, e ao tempo em Okakura escrevia, na Europa e na América publicavam-se livros nos quais se usava o tabaco como tema de vida. Parece bem provável que Okakura estivesse familiarizado com o *Little Tea Book* de Arthur Gray, uma coleção de citações e matérias correlatas em torno do chá, divulgada em 1903.

Okakura explorou a singularidade do chá. De início, fala de sua origem, de sua história primitiva, de sua difusão, e em seguida volta os olhos para seu simbolismo no Japão: a cerimônia do chá, essa cerimônia tipicamente japonesa, que não se observa em nenhum outro lugar no Oriente. Trata-se de uma cerimônia quase religiosa, realizada segundo ritos estabelecidos há séculos, onde um grupo de pessoas se reúne e age com atitudes tão fantasticamente rígidas como jamais adorador algum devotou a um deus severo. A hora e o lugar são determinados por regras; o arranjo da sala, utensílios, atitudes e até as conversas obedecem a uma linha de conduta controladíssima, com fórmulas que orientam atos e palavras. O anfitrião executa gestos tradicionais de boas-vindas e o convidado expressa admiração pelos utensílios com frases tão inexpressivas e arcaicas quanto o próprio ato de servir o chá.

No entanto, a cerimônia do chá propriamente dita não é um ritual religioso, uma vez que não há envolvimentos sobrenaturais. Seria um sacramento social, uma ponte levando ao passado e pela qual afluem os ancestrais falecidos. Exige a submissão das pessoas aos costumes dos pais e significa que as coisas devem ser feitas à maneira antiga.

Sob outra ótica, a cerimônia do chá destaca-se com notoriedade quando se estudam as instituições. É um dos raríssimos exemplos de busca de ritualização e mecanização do impulso estético – ou seja, a crença de que a promulgação de um "drama" padronizado provocará as mesmas sensações despertadas pela beleza. No Ocidente, entendemos quase unanimemente a sensação estética como uma preocupação individual, e seja lá qual for a teoria que professemos a respeito de suas causas, natureza e manifestações, cremos que ela surge espontaneamente; em geral, nem sequer levamos em conta a possibilidade de poder ela brotar de um conjunto ritualístico que defina lugares e leis. Nosso caso talvez seja um tanto bizarro, porquanto em nossas religiões temos rituais em todos os níveis, desde a cerimônia eclesiástica observada pelo leigo, até as meditações do religioso. À semelhança do jesuíta que pratica Exercícios

Espirituais de Santo Inácio, ou do adepto do Tantra que medita nos atributos da Deusa, ou do Sufi nos Atributos Divinos – o praticante da cerimônia do chá medita e busca, pelo estabelecimento de uma empatia, compendiar uma experiência estética.

No Ocidente, é claro que já temos nossas aprovações e rejeições socialmente estruturadas, mas em parte alguma, a não ser nas práticas religiosas do especialista, encontramos todo esse conjunto de respostas preestabelecidas que a cerimônia do chá exige. Mesmo na prática religiosa cotidiana, onde os gestos e as palavras são padronizados, imprimimos certa dose de sinceridade, e no tocante à arte, beleza e satisfação chegamos até a exigir mais religiosamente sinceridade do que o fazemos em matéria de religião. Quem sabe isso decorra da influência que sofremos da revolução emocional do início do século passado, em que o sentimento e a sinceridade subjetivas de emoção tinham primazia sobre os atos mecânicos e padronizados.

Folhetos turísticos exibindo gueixas simpáticas que servem chá a um grupo heterogêneo estão longe da realidade do verdadeiro cerimonial, especialmente como era celebrado no tempo de Okakura. O chá é um líquido pastoso, espesso e escuro, obtido pela infusão de um pó em água, sendo preciso, para bebê-lo, que antes se removam a espuma e o borralho. E se vê muito pouco de beleza na cerimônia. Os próprios japoneses acham feios os objetos utilizados e tem sido feita crítica considerável aos altos preços que gente entusiasta paga por velhos e feios recipientes. Recipientes, batedores e agitadores de chá não são julgados pelos mesmos padrões de outras artes japonesas, e seu valor depende de critério específico. O desejo de posse não decorre, como sucede com a maioria dos artefatos japoneses, de beleza, nem de uma conotação iconográfica, como se poderia esperar de um instrumento de culto. Em vez disso, seu valor advém basicamente de uma terceira causa: antiguidade e ligação pessoal. Dir-se-ia que fazem parte de um culto de santos com suas relíquias; sempre que a tigela de um grande mestre de chá é posta à venda, atinge preços elevadíssimos.

É de certa maneira estranho que alguém como Okakura, que consumiu a maior parte da vida na busca da beleza e na preservação de sua frágil essência, possa ter achado na cerimônia do chá o símbolo principal do Japão. Talvez seja um aspecto de sua reação contra o Ocidente. Sob alguns aspectos, a cerimônia do chá desfaz as duas grandes teorias da arte que invadiram o Ocidente e o Oriente: repudia a apreciação subjetiva da arte pela arte, que tem a tônica ocidental há vários séculos; e repudia também a iconologia, ou as ideias pelas quais uma imagem se impôs, que tem sido a constante na Índia e no Extremo Oriente. O cerimonial do chá estabelece uma terceira categoria, a imitação por amor ao antigo, a imitação por ter sido essa a maneira dos antepassados, e estes não podem ser questionados ou postos em dúvida.

Os pressupostos de *O Livro do Chá* estão intimamente ligados à questão básica do que se possa pensar de Okakura e de sua obra. Uma possível resposta é que os pratos do bem e do mal se equilibram. Okakura criou e preservou a beleza; todavia, empregou também a beleza como uma ferramenta ajustada a um propósito indigno. Seu grande livro, *O Livro do Chá*, levou os americanos a simpatizarem com o modo de pensar japonês, ainda que essas mesmas ideias no Oriente (onde outros talvez tenham tido uma importância histórica maior que a de Okakura) serviram de foco de hostilidade a outras culturas.

Ao julgar-se Okakura é preciso que se tenha em mente aquela que é a ideia básica da maioria das religiões asiáticas: os entes poderosos, como deuses e semideuses, têm tanto aspectos bons quanto ruins e não se ajustam bem a simples categorias. Devemos aceitar esses entes tais como são.

E. F. Bleiler

Nova York
1963

INTRODUÇÃO À EDIÇÃO BRASILEIRA

"Hoje em dia, o industrialismo vem tornando o verdadeiro bom gosto cada vez mais difícil, em toda parte. Será que mais do nunca não estamos carentes de casas de chá?"

— Kakuzo Okakura

Todo prefácio é absolutamente inútil – diríamos, parodiando Oscar Wilde. Esta introdução não foge à regra; se a fazemos, é porque o inútil acompanha teimosamente a trajetória do ser humano, propiciando, às vezes, o nascimento de algo proveitoso. Esperamos incluam-se neste caso as rápidas referências biográficas de Okakura e sua obra.

Impõe-se dizer antes de mais nada que *O Livro do Chá* nada tem a ver com as muitas obras de divulgação sobre o chá e suas cerimônias, nem sobre as propriedades medicinais de diferentes ervas, etc. Trata-se de escrito saído da pena de um erudito japonês que, expressando-se em idioma que não lhe era nativo, produziu "um dos mais deliciosos volumes de ensaio".

* * *

Kakuzo Okakura nasceu em dezembro de 1862, em Yokohama, cidade próxima de Tóquio, justamente quando despontava um Japão novo, com a abertura para os países ocidentais. Adaptando-se à transformação de sua terra, o pai, descendente de samurais, abriu uma loja de tecidos onde Kakuzo passou os primeiros anos de sua vida.

Cedo enviam-no para aprender inglês numa escola de missionários cristãos, ao mesmo tempo que começava a tomar lições sobre os clássicos chineses – além de caligrafia, poesia e ética – num mosteiro budista. Aos 14 anos já frequentava a Universidade de Tóquio, assistindo a aulas de literatura inglesa, chinesa e japonesa. Por essa época, juntou-se a poetas boêmios, os shin-shu-sha, ou Grupo da Poesia e do Vinho: se de um lado despertou para a poesia, por outro adquiriu o hábito da bebida, que o acompanhou vida afora.

Em 1878, Ernest Fenollosa, com 26 anos e graduado em Harvard, é convidado para ensinar filosofia, política e economia na Universidade de Tóquio. Kakuzo não só lhe serve de intérprete, como ainda traduz para ele textos antigos sobre arte. Vale aqui pequena digressão para falar deste orientalista que, fascinado pelas coisas e cultura do Oriente, norteou o rumo seguido por Kakuzo.

Como dissemos, o Japão se abria para o Ocidente. Terminado o shogunato Tokugawa, cuja política era extremamente nacionalista e isolacionista, o país se voltou para uma decisão de mercado aberto, inaugurando o período Meiji (1860-1912). A influência do Ocidente tornou-se enorme em todos os aspectos culturais da vida nipônica, sobretudo nas artes. A bem da verdade, pode-se dizer que a pintura importara o estilo ocidental já no período Togugawa; a maioria dos professores de arte eram italianos e muitos artistas japoneses estudavam na Europa. Tanta era a ansiedade do governo para assimilar a civilização do Ocidente que foi notório o declínio do estilo nipônico na pintura, mantendo-se a duras penas um pouco da tradição nas obras de quatro ou cinco artistas.

É quando surge no cenário japonês Fenollosa. Devotado à cultura tradicional do país, e vendo a que ponto se malbaratava séculos de herança cultural, opôs-se à ocidentalização, batalhando pela preservação e desenvolvimento da arte japonesa tradicional. Embora reconhecesse as virtudes da pintura clássica, sua contribuição maior materializou-se no trabalho de exploração do *ukiyo-e*: pinturas ou xilogravuras retratando cenas do cotidiano, em especial as de mulheres bonitas e atores. Seu trabalho em prol da cultura nipônica foi intenso, não só no próprio Japão, mas também nos Estados Unidos, dedicando-se tanto à descoberta de obras perdidas em templos e no interior do país, como a diferentes estudos, entre eles um levantamento comparativo do drama grego e do teatro Nô. Suas obras incluem *East and West: The Discovery of America and Other Poems*, *An Outline History of Ukiyo-e*, *Epochs of Chinese and Japanese Art*. Mais tarde, examinando-lhe os espólios literários, Esra Pound editou *Cathay*, contendo versões inglesas de poesias chinesas antigas, e dois volumes de peças.

Kakuzo graduou-se em 1880 e, indicado para secretário do Ministro da Educação, começou a lecionar música; Fenollosa recebe ainda sua ajuda através de traduções de artigos sobre a arte japonesa; já então trocavam também ideias sobre temas que lhes eram comuns. Nas aulas, Fenollosa comparava a pintura nipônica com a europeia e destacava a superioridade da simplicidade japonesa em relação ao controle de cores e sombras da pintura ocidental; Kakuzo compartilhava desse ponto de vista.

Graças aos esforços de Kakuzo, de Fenollosa e de outros estudiosos, estabeleceu-se a Comissão Imperial de Belas Artes com a finalidade de registrar, catalogar e estudar as coleções existentes nos templos e em outros pontos do Japão; trabalhando para essa entidade, fizeram os dois descobertas de notáveis peças artísticas.

Em 1886, Fenollosa e Kakuzo foram convidados oficialmente à Europa e aos Estados Unidos para estudar arte ocidental e educação artística. Parece que Kakuzo, nesta primeira viagem ao Exterior, não se impressionou muito com as obras-primas nem de Louvre nem de outros museus célebres. De volta, uma segunda Escola de Arte governamental é fundada por Kakuzo, apoiado por Fenollosa; seu escopo: preservar e promover a arte japonesa autêntica. Em 1890 Kakuzo ocupa a presidência da Escola, tornando-se ao mesmo tempo curador do Museu Imperial de Belas Artes. Apegado ao espírito tradicional, criou um uniforme marrom nos moldes antigos e, vestido dele, costumava percorrer a cavalo o trajeto de casa à Escola; chamavam-no por isso de o "Príncipe a cavalo".

Mais tarde editou a revista de arte *Kokka* e passou a ministrar aulas na Escola de Arte de Tóquio e em outras universidades, sobre história da arte nipônica. Em 1893, percorre a China durante seis meses, o que lhe amplia a visão do ideal de arte.

Kakuzo, que se casara, conforme os costumes antigos, jovem de 17 anos, teve desacertos conjugais e acabou vivendo algum tempo com a ex-esposa do seu chefe no Ministério da Educação. Ensejou isso a seus desafetos tramarem contra ele, o que resultou na perda do cargo de curador do Museu Imperial e de presidente da Escola de Arte. Premido por dificuldades financeiras, resolveu fundar uma academia onde ele e os amigos, também punidos com demissões, pudessem pintar, expor, lecionar: meses depois, inaugurava-se a Academia de Belas Artes do Japão.

Kakuzo e seus companheiros excursionaram pelo país exibindo suas pinturas: era a primeira vez que ocorria tal coisa com obras de arte, e as populações afastadas dos grandes centros tiveram oportunidade de apreciar originais que, de outro modo, jamais veriam. Entretanto, a escola era olhada com muita desconfiança pela maioria conservadora e poucas obras se vendiam.

Integrante ainda da Comissão Imperial de Arte do Ministério do Interior, Kakuzo vai à Índia para investigar-lhe o passado artístico. Prossegue em seu apostolado pró-tradição, incentivando os jovens indianos a restaurarem os costumes asiáticos, pois, dizia: "as sombras do passado são promessas do futuro. Nenhuma árvore pode ser maior do que o poder contido na semente". Torna-se amigo íntimo de Vivekananda e se priva do convívio de Rabindranath Tagore. Impressionou-o fortemente a Índia; basta dizer que voltou ao Japão à moda indiana e planejou uma conferência sobre o budismo oriental, em Tóquio, com a participação de budistas indianos. Ademais, a viagem completou-lhe as informações para a publicação da importante obra *The Ideals of the East* (1903), seu primeiro trabalho redigido em inglês.

Em 1904, Kakuzo, nos Estados Unidos, ocupa o cargo de Consultor do Departamento Sino-Japonês do Museu de Belas Artes de Boston. Projeta-se mais no cenário mundial ao substituir o Diretor do Louvre na conferência proferida no Congresso de Ciências e Arte, promovido por ocasião da Mostra Internacional de St. Louis. Sua palestra foi publicada, em julho do ano seguinte, na *Quaterly Review*, com o título: "A Arte Moderna sob um ponto de vista japonês". Dedica-se à organização da vasta coleção de arte sino-japonesa do Museu, coleção essa devida em grande parte a Fenollosa, e publica o livro *The Awakening of Japan*.

No ano seguinte, começa a escrever este pequeno clássico, súmula de seus ideais, publicando-o em 1905. Os últimos anos de sua vida, dedica-os à Seção Oriental do Museu de Belas Artes de Boston, intercalando viagens à Europa, China e Japão. Como curador do Museu, empenhou-se em tornar o Departamento Sino-Japonês único e o melhor do mundo. Achou ainda tempo para traduzir e divulgar obras lendárias do Japão, atendendo solicitações de amigos norte-americanos, além de escrever inúmeros artigos para o Boletim do Museu, ministrar aulas e conferências, buscando despertar sempre mais o interesse das pessoas para a arte asiática.

Seu último esforço literário foi a tradução de um drama musical fantasioso e folclórico, "*A Raposa Branca*", cuja encenação não logrou realizar. Apesar da insistência de amigos para que permanecesse e descansasse nos Estados Unidos, pois adoecera e estava debilitado, tão logo se sentiu com forças, retornou ao Japão, onde veio a falecer em setembro de 1913, aos 52 anos de idade.

* * *

Afirmamos acima que este "grande" livrinho não se enquadra entre os muitos que tratam do tema. Deveria antes chamar-se, por exemplo, *O Livro da Tradição Nipônica*, ou coisa parecida, pois nele o autor, havendo estudado a fundo a história do seu povo – usos, costumes, arte, folclore – encontrou na tradição do chá a epítome do caráter do povo japonês, com suas heranças, tradições e cultura. Nela viu ainda a melhor expressão dos contrastes existentes entre Oriente e Ocidente, o que, aliás, é sintomático, pois Okakura insistiu sempre na problemática do relacionamento entre as duas culturas, e buscou demonstrar que uma não é melhor do que a outra – antes, ambas se completam.

Comentando este ensaio, diz E. F. Bleiler que nele Okakura funde erudição e crítica. (Não nos esqueçamos da inclusão do aspecto messiânico, que nos parece resultar antes do impacto das considerações de Okakura sobre as culturas ocidental e oriental, do que de evidências reais.) De fato, *O Livro do Chá* é a condensação dessas duas qualidades que se nos vão desenrolando a cada página, associadas a enorme sensibilidade poética.

Sente-se a marca do autor logo no início, quando nos apresenta o Chaísmo, cuja essência é o Culto do Imperfeito, ou a "tentativa delicada de realizar algo possível nesta coisa impossível que conhecemos como vida". E em meio a aspectos históricos da evolução do chá, vai destilando reflexões sobre qualidades e não qualidades das duas culturas postas em confronto.

Ao falar do taoismo, a propriedade com que define a metáfora do Vazio segundo Lao-Tzu é singular: "O Vazio é o que pode tudo porque contém tudo. Somente no Vazio o movimento torna-se possível. Quem pudesse se transformar num Vazio, em que os outros se introduzissem livremente, tornar-se-ia dono de todas as situações." Mostra-nos como o jiu-jitsu, ou arte da defesa, assenta-se justamente na exploração do Vazio, ou da não resistência. E, na arte, o emprego da sugestão em lugar do explícito, não é nada mais senão a aplicação desse princípio taoista. Aprendemos com ele que o zen reforça e torna práticos os ideais do taoismo.

Está nos descrevendo a casa de chá, despojada, rigorosamente ordenada nos mínimos detalhes e, sem que nos demos conta, eis-nos de repente envolvidos em longa digressão a respeito da arquitetura japonesa e sua história. E que sabor gostoso não tem a anedota de Rikyu sobre a limpeza do recinto do chá! Seu filho, depois de muito trabalho, diz-lhe que já não sabe o que mais limpar, porquanto está tudo varrido, aguado, refletindo frescor e pureza. "Tolo – retruca-lhe o pai. Não é assim que se limpa um caminho ajardinado." E, percorrendo o trajeto, sacode alguns galhos, espalhando pelo jardim folhas douradas e rubras do outono...

Sua inspiração transborda ao falar da apreciação da arte. Conta-nos a história de Pai Ya e da Harpa encantada; em suas mãos, o instrumento, que frustrara todos os demais tocadores, cantou a natureza, as estações, o amor, a tempestade, a guerra. De suas notas saíram o fragor das cataratas, a neve do inverno, o sorriso das flores na primavera... Perguntado pelo rei onde se escondia o segredo do seu êxito, respondeu: "Senhor, os demais não souberam cantar senão a si mesmos. Eu deixei a Harpa escolher seus motivos e não procurei saber realmente se a Harpa era Pai Ya ou se Pai Ya era a Harpa." Acrescenta Okakura: "A arte verdadeira é Pai Ya e nós a Harpa. Ao toque mágico da beleza, as cordas secretas do nosso ser despertam e nós vibramos emocionados em resposta a seu apelo".

Se apenas ao capítulo das flores se resumisse o livro, nós nos sentiríamos gratos ao autor por havê-lo escrito. É um poema. Perdoam-se-lhe até os vestígios sentimentalistas. Que importa, se começa com esta pergunta cativante: "No cinza trêmulo de uma aura primaveril, quando os pássaros suspiram entre as árvores em cadência misteriosa, não notou você nunca que um está falando ao outro a respeito das flores?" E termina com encanto não menos cativante, que deixamos de reproduzir para não perturbar o prazer do leitor de encontrá-lo na hora certa.

Para Kakuzo, o chá é uma obra de arte. Portanto, há que se falar dos artistas dessa obra, ou seja, dos Mestres do chá. É com a felicidade de expressão de sempre que

Okakura executa a tarefa: "Enquanto alguém não se tenha tornado belo, não tem direito de aproximar-se da beleza. Por isso, empenhavam-se os Mestres do chá em ser algo mais que artistas: a própria arte."

Em suma, no *Livro do Chá* Okakura professa a sua fé na arte e no belo, empenhando-se na demonstração do quanto a cultura e a tradição de sua terra devem à tradição do chá. E o faz entremeando sensibilidade com raciocínio, argumento com poesia, erudição com inspiração – condensando no curto espaço destas páginas tudo quanto assimilou em suas buscas, pesquisas e experiências, que diz respeito à arte tradicional do Oriente. Nem se torna ele cego ou radical quanto ao apego às tradições e ao passado; se por um lado chora" ao ver no Japão as imitações insensatas de construções europeias", por outro sabe que "a arte, para ser apreciada em sua totalidade, carece de conformar-se à vida contemporânea".

Há quem diga que Kakuzo tinha personalidade um tanto egoísta e irascível, e que seu talento era obscurecido por um sentimentalismo excessivo, que o levava a aceitar "absurdas trivialidades da história japonesa, não sabendo, por vezes, distinguir o lixo e rebotalho de um passado morto dos componentes debilitados de uma tradição viva (embora submersa), que merecia ser cultivada". Não nos parece verdade mas, ainda que o fosse, perde a importância diante da erudição inegável do autor e da maravilha que é este ensaio delicioso, calcado em tradição milenar tão rica e que lhe propicia distribuir tanta poesia e ensinamentos.

"Somente quem viveu o belo poderá morrer belamente." E para prová-lo, Okakura fecha seu pequeno livro com a morte linda do Mestre dos mestres do chá, Rikyu. Convidamos o leitor a não retardar sua aproximação deste texto (não sem atraso colocado ao seu alcance), a fim de que mais rapidamente tenha o prazer estético, afetivo e cultural que, num crescendo, conduza-o às páginas finais, as quais só podemos qualificar de sobriamente majestosas.

— Cláudio Giordano

---

* Yasuko Horioka (*The Life of Kakuzo*, Tóquio, 1963), que seguimos ao longo da resenha biográfica, engana-se ao mencionar o ano da morte de Okakura como sendo 1914 (p. 90). Cremos que se equivoca também quando cita referência do seu falecimento aparecida na edição de dezembro de 1914 (deve ser 1913), do Boletim do Museu. Até porque, na tábua cronológica ao final do seu volume, coloca o falecimento do biografado em 1913.

Valemo-nos também dos verbetes da Britannica sobre Kakuzo, Fenollosa, Artes Orientais e Esra Pound. Servimo-nos, ainda, da introdução ao *Livro do Chá* feita por E. F. Bleiler, além de havermos encontrado alguma informação em *The Floating World*, de James A. Michener.

(C.G.)

1. A TAÇA DA HUMANIDADE

O chá começou como remédio e transformou-se em bebida. No século VIII, na China, introduziu-se no reino da poesia como um dos entretenimentos requintados. O século XV viu o Japão enobrecê-lo como religião do esteticismo – o Chaísmo. O Chaísmo é um culto fundamentado na adoração do belo em meio aos acontecimentos sórdidos da existência cotidiana. Salienta a pureza e a harmonia, o mistério da caridade mútua, o romantismo de caráter social. É, em essência, o culto do Imperfeito, enquanto tentativa de realizar algo possível nesta coisa impossível que conhecemos como vida.

A Filosofia do Chá não é mero esteticismo, no sentido usual da palavra, pois exprime, juntamente com a ética e a religião, nosso ponto de vista genérico acerca do homem e da natureza. É higiene, pois incentiva a limpeza; é economia, já que mostra o conforto presente na simplicidade, mais do que no complexo e no luxuoso; é geometria moral, na medida em que define nosso senso de proporção para com o universo. Representa, enfim, o espírito genuíno da democracia oriental que transforma todos os seus devotos em aristocratas no bom gosto.

O longo isolamento do Japão com relação ao resto do mundo, ao desenvolver o gosto pela introspecção, foi altamente favorável à propagação do Chaísmo. Nossa casa, nossos hábitos, nossos trajes, nossa cozinha, nossa porcelana, nossa laca, nossa pintura – e mesmo a nossa literatura – tudo ficou exposto à sua influência. Nenhum estudioso da cultura japonesa poderá ignorar jamais sua existência. Ele se insinuou na elegância dos nobres quartos de senhoras e invadiu a moradia do humilde. Nossos camponeses aprenderam o arranjo de flores, nosso trabalhador mais miserável soube como saudar as pedras e as águas. No nosso linguajar comum, falamos que uma pessoa "não tem chá", quando é insensível aos interesses tragicômicos do drama pessoal. Estigmatizamos, por outro lado, o esteta indômito que, indiferente à tragédia mundana, excede-se em marés de emoções libertadoras, como alguém "com muito chá" dentro de si.

Um estrangeiro pode, na verdade, admirar-se de se estar fazendo alarde a troco de nada – uma tempestade numa xícara de chá! – dirá ele. Mas, se considerarmos quão pequena, afinal, é a taça do prazer humano, quão rápido transborda de lágrimas, quão facilmente, em nossa sede inextinguível de infinito, nós a esvaziamos até a última gota, então não mais nos censuraremos por dar tanta importância a uma xícara de chá. Coisas piores vem fazendo a humanidade. No culto a Baco, nossos sacrifícios rodearam-se de liberdades, e até transfiguramos a imagem sangrenta de Marte. Por que, pois, não nos consagrarmos à rainha das Camélias e divertir-nos no cálido fluxo de simpatia que exala do seu altar? No líquido âmbar que enche a taça de porcelana cor de marfim, podem os iniciados provar a suave discrição de Confúcio, o tom picante de Lao-Tzu[1] e o aroma etéreo do próprio Sakyamuni.[2]

Aqueles que não conseguem sentir em si próprios a insignificância das coisas grandes estão fadados a não perceber a grandeza das coisas pequenas nos outros. O ocidental comum, em sua complacência polida, acaba vendo na cerimônia do chá apenas outro exemplo das mil e uma excentricidades que para ele constituem o exotismo e a infantilidade do Oriente. Acostumou-se a olhar o Japão como um país bárbaro, quando ele estava perdido nas artes delicadas da paz; e a chamá-lo de civilizado, quando passou a cometer morticínios indiscriminados nas batalhas da Manchúria. Tecem-se ultimamente comentários profusos ao Código dos Samurais – a arte de Morrer, que leva nossos soldados a exultar com o autossacrifício; no entanto, volta-se pouquíssima atenção à Filosofia do Chá que representa tão bem a nossa Arte de Viver. Alegres, permaneceríamos bárbaros se nossa reivindicação pela civilização fosse baseada na glória repulsiva da guerra. Contentes, haveríamos de esperar o tempo em que o devido respeito fosse dado à nossa arte e aos nossos ideais.

Quando o Ocidente entenderá, ou procurará entender o Oriente? Nós, asiáticos, ficamos frequentemente amedrontados pela estranha rede de fatos e fantasias que se tece a nosso respeito. Pintam-nos como vivendo à base do perfume de lótus, quando não de ratos e baratas. Se não for o fanatismo impotente é a voluptuosidade abjeta. Zomba-se do espiritualismo indiano como se fosse ignorância, da sobriedade chinesa como se fora estupidez e do patriotismo japonês como se não passasse do resultado do fatalismo. Tem-se dito que somos pouco sensíveis à dor e ao sofrimento em decorrência da insensibilidade do nosso sistema nervoso!

Por que não se divertirem à nossa custa? A Ásia retribui o cumprimento. Haveria maiores motivos para divertimentos se soubessem tudo o que imaginamos e escrevemos a respeito de vocês. Existe aí todo o fascínio da perspectiva, toda a homenagem inconsciente da admiração e todo o ressentimento calado do novo e do indefinido. Vocês têm sido carregados de virtudes refinadas demais para serem invejados, e acusados de crimes por demais pitorescos para serem condenados. Nossos escritores do passado – os sábios e eruditos – contaram-nos que vocês tinham cabos de madeira disfarçados sob as vestes, e com frequência ceavam um *fricassê* de recém-nascidos! E não é só isso! Tínhamos algo pior contra vocês: vocês eram para nós os habitantes mais impraticáveis da Terra, pois, dizia-se, pregavam o que jamais haviam praticado.

Tais mal-entendidos estão se desvanecendo rapidamente entre nós. O comércio tem forçado a introdução dos idiomas europeus na maioria dos portos orientais. A juventude asiática procura as escolas ocidentais buscando equipar-se de educação moderna. Nosso modo de ver não alcança a cultura de vocês em profundidade, mas, pelo menos, temos vontade de aprender. Alguns dos meus compatriotas adotaram muitos dos costumes e regras de etiqueta de vocês, na ilusão de que com a compra de colarinhos engomados e de enormes chapéus de seda, adquiririam ao mesmo tempo o conhecimento da civilização de vocês. Por deploráveis e chocantes que sejam tais afetações, evidenciam nossa boa vontade de nos aproximarmos do Ocidente. Infelizmente, a atitude ocidental é desfavorável à compreensão do Oriente. O missionário cristão vem para dar, não para receber. A informação que vocês cristãos recebem baseia-se em míseras traduções de nossa imensa literatura, quando não em relatos, pouco fidedignos, de viajantes ocasionais. E será muito difícil que a pena nobre de um Lafcádio Hearn ou da autora de *The Web of Indian Life*[3] ilumine as trevas orientais com a tocha de nossos próprios sentimentos.

Talvez eu traia a minha própria ignorância do Culto do Chá ao me mostrar tão franco. A essência da cortesia obriga a que a pessoa diga aquilo que dela se espera, e nada mais. Pouco se me dá passar por um polido praticante do Chaísmo. Já se causou excessivo mal com o desentendimento mútuo do Novo e do Velho Mundo para que se peça desculpas pela contribuição dada em prol de um melhor entendimento. O nascer do século XX não teria presenciado o espetáculo de uma guerra sanguinária se a Rússia tivesse se permitido conhecer melhor o Japão. Que terríveis consequências não se alojam na ignorância desdenhosa dos problemas asiáticos! O Imperialismo europeu, que não se envergonha de erguer o grito absurdo de Perigo Amarelo, deixa de perceber que a Ásia também pode despertar para o significado brutal do Desastre Branco. Vocês podem rir-se de nós por termos "chá demais", mas será que não podemos ser levados a supor que vocês do Ocidente "não têm chá" em sua constituição?

Deixemos, porém, de arremessar epigramas de um continente ao outro, e tornemo-nos mais melancólicos, senão mais sábios, com o benefício mútuo de cada metade do hemisfério. Nosso desenvolvimento seguiu linhas diferentes, mas não há razão por que um não possa complementar o outro. Vocês se expandiram à custa de inquietações; nós criamos uma harmonia frágil diante da agressão. Acreditariam vocês que, sob alguns aspectos, o Oriente está melhor do que o Ocidente?

Por mais estranho que pareça, a humanidade, até agora, tem-se encontrado junto a uma xícara de chá, o único cerimonial asiático a impor estima universal. O homem branco zomba da nossa religião e da nossa moral, mas adotou sem hesitação essa bebida marrom. O chá da tarde exerce hoje função importante na sociedade ocidental. Pelo tilintar delicado das bandejas e dos pires, pelo sussurro leve da hospitalidade feminina, pelas regras comuns a respeito do creme e do açúcar – tem-se certeza de que o Culto do Chá está instituído. A resignação filosófica do convidado ao destino que o aguarda na fervura duvidosa atesta que o espírito oriental reina soberano, pelo menos neste caso.

Diz-se que a mais antiga referência ao chá na literatura europeia encontra-se na declaração de um viajante árabe de que, depois do ano de 879, as fontes principais de renda em Cantão eram os impostos sobre o sal e o chá. Marco Polo anota a deposição de um ministro das finanças chinês, ocorrida em 1285, face ao aumento arbitrário que deu às taxas do chá. Foi na época das grandes descobertas que os povos europeus começaram a ter maiores conhecimentos do Extremo Oriente. No final do século XVI, os holandeses trouxeram novas de que no Oriente se fazia uma bebida agradável das folhas de um arbusto. Os viajantes Giovanni Battista Ramusio (1559), L. Almeida (1576), Maffei (1588) e Taxeira (1610) também fazem menção ao chá. Em 1610, os navios da Dutch East India Company introduziram os primeiros chás na Europa, os quais se tornaram conhecidos da França em 1636 e alcançaram a Rússia em 1638. A Inglaterra deu-lhe as boas-vindas em 1650, passando a falar dele como: "Aquela excelente bebida chinesa aprovada por todos os médicos e chamada na China 'Tcha' e em outras nações 'Tay' ou 'Tee'".[4]

Como todas as coisas boas que existem no mundo, a divulgação do chá encontrou oposição. Hereges como Henry Sayville (1678) denunciaram o hábito de tomar chá como um costume obsceno. Jonas Hanway (*Essay on Tea* [*Ensaio sobre o Chá*], 1756)[5] dizia que os homens pareciam minguar e perder a boa aparência, e as mulheres sua beleza ao cederem ao uso do chá. Seu preço nos primeiros tempos (perto de 15 a 16 shillings a libra) impedia o seu consumo pelo povo, tornando-o um "requinte em recepções e festas solenes, dele se fazendo presentes para príncipes e pessoas da nobreza". No entanto, apesar desses obstáculos, o hábito de tomar chá disseminou-se com espantosa rapidez. Os cafés de Londres da primeira metade do século XVIII transformaram-se, na verdade, em casas de chá, local de encontro de homens espirituosos como Addison e Steele, que se divertiam à volta de suas xícaras de chá. Essa bebida acabou se convertendo num bem essencial à vida – e sujeita a impostos. A esse respeito vem-nos à mente o papel importante por ele desempenhado na história moderna. A América colonial sujeitou-se à opressão até que a capacidade humana de tolerância cedeu diante dos pesados impostos taxados sobre o chá. A independência norte-americana começou com a chegada dos caixotes de chá ao porto de Boston.

Há um encanto sutil no sabor do chá que o torna irresistível e, também, motivo de idealização. Os humoristas ocidentais não tardaram a misturar a fragrância de seus pensamentos com o aroma do chá. Não se trata da altivez do vinho, do individualismo autoconsciente do café, nem da inocência afetada do chocolate. Já em 1711 dizia o *Spectator*: "Recomendaria, pois, de modo mais particular estas minhas reflexões a todas as famílias disciplinadas que reservam uma hora toda manhã para o chá, o pão, a manteiga; e aconselhá-lo-ia sinceramente, para o seu bem, que ordene que este jornal seja pontualmente servido à mesa e considerado parte dos componentes do chá." Samuel Johnson traça seu próprio retrato como "um obstinado e desavergonhado bebedor de chá que durante 20 anos auxiliou a digestão de suas refeições apenas com a infusão desta fascinante planta; que, com o chá, alegrou as noites, confortou as madrugadas e deu boas-vindas às manhãs".[6]

Charles Lamb, devoto confesso do chá, demonstrou o mais puro "Chaísmo" ao escrever que seu maior prazer era cometer uma boa ação às escondidas, e vê-la depois descoberta por acidente. Porque o "Chaísmo" é a arte de disfarçar a beleza que se venha a encontrar, de insinuar aquilo que se ousa revelar. É a nobreza secreta de rir de si mesmo, calma embora intensamente, chegando-se assim ao próprio humor – o sorriso da filosofia. É nesse sentido que todos os verdadeiros humoristas podem ser chamados de filósofos do chá – Thackeray, por exemplo, e, naturalmente, Shakespeare. Os poetas da Decadência (e quando o mundo não esteve em decadência?), ao protestar contra o materialismo, abriram, até certo ponto, o caminho para o "Chaísmo". Quem sabe, hoje em dia, em meio à nossa discreta contemplação do Imperfeito, o Ocidente e o Oriente possam encontrar-se numa consolação mútua.

Relatam os taoistas que, bem no início do Não Começo, o Espírito e a Matéria envolveram-se num combate mortal. Por fim, o Imperador Amarelo, Filho dos Céus, triunfou sobre Shuhyung [Chu Yung] o demônio das trevas e da Terra. O Titã, em sua agonia de morte, golpeou a cabeça contra a abóbada solar, despedaçando em fragmentos a cúpula de jade azul. As estrelas perderam seus ninhos, a lua vagou sem destino pelas fendas solitárias da noite. Desesperado, o Imperador Amarelo buscou por toda parte o restaurador dos Céus. E não procurou em vão. Do mar oriental levantou-se a rainha, a divina Niuka [Nü Wa], coroada de chifres e com rabo de dragão, resplandecente em sua armadura de fogo. Sem seu caldeirão mágico, ela forjou o arco-íris de cinco cores e reconstruiu o céu chinês. Entretanto, conta-se também que Niuka [Nü Wa] esqueceu-se de fechar duas pequenas frestas do firmamento azul. Assim foi que começou o dualismo do amor – duas almas rolando através dos espaços, jamais descansando até que se reencontrem para completar o universo. Cada um tem de construir novamente seu firmamento de esperança e paz.[7]

O céu da humanidade moderna desfaz-se, de fato, na luta ciclópica pela riqueza e poder. O mundo andando às cegas nas sombras do egoísmo e da vulgaridade. Troca-se o conhecimento pela má consciência e pratica-se a benevolência por uma questão de utilidade. Oriente e Ocidente, como dois dragões arremessados num mar de agitação, empenham-se inutilmente em recuperar o tesouro da vida. Precisamos outra vez de uma Niuka [Nü Wa] que repare a grande devastação; esperamos o grande Avatar.[8] Enquanto isso, permita-nos um gole de chá. O brilho da tarde ilumina o bambuzal, as fontes borbulham de prazer, o sussurrar dos pinheiros é ouvido em nossa chaleira. Sonhemos com o efêmero e demoremo-nos na insensatez encantadora das coisas.

2. AS ESCOLAS DE CHÁ

O chá é uma obra de arte e carece da mão de um mestre para que manifeste suas qualidades mais nobres. Há bons e maus chás, assim como há boas e más pinturas – geralmente as últimas em maior número. Não existe uma receita única para se fazer o chá perfeito, do mesmo modo que não há regras para se produzir um Ticiano ou um Sesson.[9] Cada preparação de folhas guarda sua individualidade, sua afinidade particular com a água e o calor, suas memórias hereditárias, seu método próprio de contar uma história. A beleza genuína estará sempre inerente a ele. Quanto não sofremos com fracassos constantes da sociedade em reconhecer esta lei simples e fundamental da arte e da vida; Lichihlai [Li Chi Lai],[10] poeta Sung, observou com tristeza que existem no mundo três coisas sumamente deploráveis: bons jovens mimados com uma educação ruim, boas pinturas desmerecidas pela admiração vulgar e o bom chá desperdiçado por completo e utilizado inadequadamente.

Assim como a Arte, o chá tem também suas épocas e suas escolas. Pode-se-lhe dividir grosseiramente a evolução em três etapas principais: o Chá Fervido, o Chá Batido e o Chá por Infusão. Nós, modernos, enquadramo-nos na última escola. Essas diferentes maneiras de apreciar a bebida indicam o espírito da época em que prevaleceram. Porque a vida é uma forma de expressão e nossos atos inconscientes são a revelação constante do nosso pensamento mais secreto. Disse Confúcio: "O homem não sabe esconder." Talvez nos revelemos bastante nas pequenas coisas, porque temos muito pouco para dissimular das grandes. Os pequenos acidentes da rotina cotidiana podem constituir-se tanto de comentários acerca dos ideais raciais como dos mais altos voos da filosofia ou da poesia. Assim como os diferentes modos de fazer o vinho caracterizam os temperamentos distintos dos diferentes períodos e nacionalidades da Europa, assim também os ideais do chá marcam as diversas modalidades da cultura oriental. O bolo de chá fervido, o chá batido em pó, o chá em folhas por infusão personificam os impulsos emocionais distintos das dinastias chinesas T'ang, Sung e Ming.[11] Se nos inclinássemos a adotar a terminologia já gasta de classificação das artes, poderíamos designá-las, respectivamente, por: escolas do Chá Clássica, Romântica e Naturalista.

O chá, planta nativa do sul da China, em tempos bem primitivos já era conhecido da botânica e medicina chinesas. Nos clássicos, vem mencionado sob diversos nomes, como T'o, She, Ch'uan, Chia, Ming – sendo altamente apreciado por suas virtudes: repousante, aliviador do espírito, revigorante de ânimo e reparador da visão. Utilizava-se não só por ingestão, como ainda aplicando-se muitas vezes externamente, sob a forma de pasta, para aliviar dores reumáticas. Os taoistas afirmavam que era um importante ingrediente do elixir da imortalidade. Quanto aos budistas, empregavam-no profusamente para evitar a sonolência durante suas longas horas de meditação.

Por volta dos séculos IV e V, o chá converte-se na bebida favorita dos habitantes do vale Yangtse-Kiang. E foi nessa época que surgiu o moderno ideograma Ch'a, por certo uma corruptela do clássico T'ou. Os poetas das dinastias sulinas deixaram alguns fragmentos de sua adoração fervorosa pela "espuma de jade líquido". Os imperadores desse tempo adotaram o costume de distribuir certo preparado especial de folhas de chá a seus altos ministros, como recompensa por serviços eminentes. Entretanto, o processo de preparar chá, nessa fase, era extremamente primitivo: as folhas eram cozidas, esmagadas em pasta e transformadas em bolo, fervendo-se junto com arroz, gengibre, sal, casca de laranja, condimentos, leite e, às vezes, cebolas![12] Esse costume perdura ainda hoje entre várias tribos mongóis, que extraem desses ingredientes um xarope bizarro. O uso que os russos fazem de fatias de limão, tendo aprendido a tomar chá nas hospedarias chinesas de caravanas, é um resquício desse costume antigo.

Foi necessário o gênio da dinastia T'ang para emancipar o chá do seu estado bruto e fazê-lo alcançar sua idealização final. Em meados do século VIII viveu Lu Wu,[13] o primeiro apóstolo do chá. Ele nasceu numa época em que o budismo, o taoísmo e o confucionismo buscavam uma síntese comum. O simbolismo panteísta da época estava a exigir uma, para que espelhasse o Universal no Particular. Lu Wu, como poeta, vislumbrou no "serviço do chá" a mesma harmonia e a mesma ordem que reinavam entre todas as coisas. Em sua decantada obra, o *Ch'a Ching* (*The Holy Scripture of Tea*) [Chá Ching (A Escritura Sagrada do Chá)], formulou o Código do Chá. Foi por isso que passou a ser venerado como o deus tutelar dos comerciantes chineses de chá.

O *Ch'a Ching* compõe-se de três volumes e dez capítulos. No primeiro capítulo, Lu Wu trata da natureza da planta do chá; no segundo, dos utensílios para colher as folhas; no terceiro, da seleção das folhas. Segundo ele, as folhas de melhor qualidade deverão ser tão "enrugadas quanto as botas de couro de um cavaleiro tártaro, enrolar-se como as papadas de um bovino robusto, desdobrar-se como a névoa que se escapa da ravina, cintilar como um lago tocado por um zéfiro e ser úmidas e leves como uma terra boa, há pouco molhada de chuva".

O capítulo IV é dedicado à enumeração descritiva dos 24 componentes do equipamento do chá, começando com o braseiro em tripé e terminando pelo compartimento de bambu onde se conservam esses utensílios. Note-se aqui a predileção de Lu Wu pelo simbolismo taoista. É interessante também observar, a este respeito, a influência do chá na cerâmica chinesa. A porcelana chinesa, como é sabido, teve sua origem num esforço para reproduzir as sombras extraordinárias do jade, daí resultando, durante a dinastia T'ang, o esmalte azul do sul e o esmalte branco do norte. Lu Wu considerava o azul a cor ideal para a xícara de chá, pois acrescentava um tom esverdeado à bebida, enquanto o branco fazia-a parecer rósea e desagradável. Isso porque ele usava o bolo de chá. Mais tarde, quando os mestres do chá de Sung aderiram ao chá fragmentado, passou-se a preferir as pesadas tigelas em preto-azulado e marrom escuro. Os Mings, com o hábito do chá por infusão, deleitavam-se com a louça leve de porcelana branca.

No capítulo V, Lu Wu descreve o método de fazer chá. Elimina todos os ingredientes, exceto o sal. Aborda, igualmente, a discutida questão da escolha da água e do grau de fervura. Para ele, a água da montanha é a melhor, seguindo-se então a água do rio e a de fonte comum. Quanto à fervura, há três estágios: o primeiro, quando pequenas bolhas, semelhantes a olhos de peixes, afloram à superfície;

o segundo, quando as bolhas se assemelham a contas de cristal rolando numa fonte; o terceiro, quando o fervilhar surge agressivo na chaleira. O bolo de chá é assado no forno até que se torne fofo, como o braço de uma criança, sendo depois transformado em pó entre folhas de papel delicado. Coloca-se o sal à primeira fervura e o chá na segunda. À terceira fervura, despeja-se uma concha de água fria na chaleira para assentar o chá e reavivar a "juventude da água". Por fim, a bebida é despejada em xícaras e servida. Oh, néctar! As delgadas folhinhas ficam suspensas como escamas de nuvem num céu sereno ou flutuam como nenúfares num lago de esmeralda. Foi de bebida como essa que Lu T'ung, poeta da escola T'ang, escreveu: "A primeira xícara umedece meus lábios e minha garganta; a segunda, quebra minha solidão; a terceira, vai em busca de minhas áridas entranhas, e lá, encontra uns cinco mil volumes de estranhos ideogramas. A quarta xícara provoca-me ligeira transpiração – e com ela, escapa-me pelos poros tudo o que há de errado na minha vida. A quinta xícara purifica-me; a sexta, leva-me ao reino dos imortais. A sétima xícara – ah! Mas, não consigo beber mais! Sinto apenas o toque do vento frio que me sobe pelas mangas. Onde fica Horaisan?[14] Deixe-me cavalgar nesta doce brisa e ser levado para lá."

Os demais capítulos do *Ch'a Ching* tratam da vulgaridade dos métodos comuns de tomar chá, de um resumo histórico de ilustres apreciadores do chá, das famosas plantações chinesas de chá, das possíveis variações para servi-lo e dão ilustrações dos utensílios para chá. Infelizmente, perdeu-se o último capítulo.

Na época do seu aparecimento, o *Ch'a Ching* deve ter provocado considerável interesse. Lu Wu mereceu a proteção do Imperador T'ai Tsung (763-779) e sua fama atraiu muitos adeptos. Dizia-se que certos peritos eram capazes de distinguir o chá feito por Lu Wu daquele feito por seus discípulos. Um mandarim, ao contrário, teve seu nome imortalizado por não ter apreciado o chá desse grande mestre.

Durante a dinastia Sung, o chá batido entrou na moda e deu origem à segunda escola do chá. As folhas eram reduzidas a pó num pequeno moinho de pedra, e o preparado era batido em água quente com uma vassourinha delicada feita de bambu. Esse novo processo levou a certa mudança no equipamento de chá descrito por Lu Wu, bem como na escolha das folhas. O sal foi descartado de uma vez por todas. O entusiasmo dos contemporâneos da dinastia Sung pelo chá foi sem limites. Os epicuristas disputavam entre si a descoberta de novas variedades, organizando-se torneios regulares para decidir as primazias. O imperador Huei Tsung (1101-1124), que era artista demasiado talentoso para que pudesse ser bom monarca, dissipou seus tesouros na busca de espécies raras, e escreveu uma dissertação a respeito dos vinte tipos de chá, entre os quais dava preferência ao "chá branco", tendo-o como o de mais rara e fina qualidade.

O ideal do chá dos Sungs diferia do ideal dos Tangs tanto quanto diferiam suas teorias da vida. Buscavam tornar real o que seus predecessores se empenharam em transformar em símbolos. Para a mentalidade neoconfucionista, a lei cósmica não se evidenciava no mundo fenomenológico, e sim, o mundo dos fenômenos era a própria lei cósmica. Os Aeons nada mais são do que momentos – o Nirvana ao alcance da mão. A concepção taoista de que a imortalidade reside na mudança eterna permeava todo o seu modo de pensar. O que interessava era o processo e não a ação. O ato de completar, e não o término em si, é que era de fato importante. Desse modo, via-se o homem, de repente, face a face com a natureza. A arte de viver adquiriu novo significado. O chá começou a ser não um passatempo poético, mas um dos métodos de realização pessoal. Wang Yüan Chih louvou o chá por "inundar-lhe a alma com um apelo íntimo, cujo amargor delicado lembrava-lhe o sabor deixado por um bom conselho". Sotumpa [Su Tung-p'o] escreveu sobre a força da pureza imaculada do chá que, assim como o homem verdadeiramente virtuoso, ele afronta a corrupção. Entre os budistas, a seita zen do sul, que tanto assimilou das doutrinas taoistas, criou um ritual completo do chá. Reuniam-se os monges diante da imagem de Bobhidharma[15] e bebiam chá de uma única tigela, com todo o respeito profundo votado a um sacramento. Foi esse ritual zen que, afinal, transformou-se no cerimonial japonês do chá, por volta do século XV.

Infelizmente, a repentina invasão das tribos mongóis no século XIII, que resultou na devastação e conquista da China, sob o jugo bárbaro dos imperadores Yuen, destruiu todos os frutos da cultura Sung. A dinastia nativa dos Mings, que tentou a renacionalização, em meados do século XV, foi acossada por dificuldades internas, e a China acabou caindo sob o domínio hostil dos manchus no século XVII. Tais foram as mudanças nos usos e costumes, que não restaram vestígios das épocas anteriores. O chá em pó foi inteiramente esquecido. Deparamo-nos com um comentarista Ming incapaz de relembrar a forma da vassourinha de bater chá mencionada num dos clássicos Sung. Nesta época, toma-se o chá mergulhando as folhas em água quente colocada numa tigela ou xícara. A razão pela qual o mundo ocidental ignora esta maneira antiga de beber chá reside no fato de que a Europa veio a conhecê-lo apenas no findar da dinastia Ming.

Para o chinês de hoje, o chá é uma bebida deliciosa, mas não a ideal. As longas desgraças que o país sofreu despojou-o do prazer pelo significado da vida. Ele se tornou moderno, vale dizer, velho e desiludido. Perdeu as ilusões, que constituem a juventude e a força eternas dos poetas e dos antigos. É eclético e, polidamente, acolhe as tradições do universo. Brinca com a natureza, mas não condescende em conquistá-la ou venerá-la. Seu chá de folhas é sempre maravilhoso, com seu aroma floral, mas a poesia dos cerimoniais T'ang e Sung não se encontram mais em sua xícara.

O Japão, que seguiu de perto os passos da civilização chinesa, conheceu as três fases do chá. Já nos primórdios, por volta do ano 729, lemos a respeito do imperador Shomu servindo chá em seu palácio de Nara a uma centena de monges. As folhas eram provavelmente importadas da Corte T'ang pelos embaixadores japoneses e preparadas do modo em voga na época. Em 801, o monge Saicho[16] trouxe sementes e plantou-as em Yeisan. Nos séculos seguintes, soube-se da existência de muitos jardins de chá, bem como do deleite da aristocracia e da classe sacerdotal em tomá-lo. O chá Sung chegou ao Japão em 1191, com o retorno de Eisai Zenji, que lá estivera para estudar a escola zen do sul. As novas sementes que trouxe consigo foram plantadas com êxito em três lugares, um dos quais, o distrito de Ugi, perto de Kyoto, mantém ainda a fama de produzir o melhor chá do mundo. O zen do sul espalhou-se com rapidez maravilhosa, e com ele, o ritual e o ideal Sung do chá. Por volta do século XV, sob a proteção do Shogun Ashikaga Yoshimasa, a cerimônia do chá é definitivamente institucionalizada e transformada em rito independente e leigo. A partir daí, o Chaísmo estabelece-se de vez no Japão. O uso do chá por infusão, adotado posteriormente na China, é mais ou menos recente entre os japoneses, ficando conhecido somente depois de meados do século XVII. Ele substituiu o chá em pó no consumo cotidiano, embora este último continue na sua posição de o chá dos chás.

É no cerimonial japonês do chá que encontramos o ápice dos ideais do chá. A resistência japonesa bem-sucedida contra a invasão mongol em 1281 permitiu que se continuasse no Japão com o movimento Sung, que fora tão desastrosamente eliminado da própria China pelas invasões nômades. No Japão, o chá se tornou mais do que uma idealização da forma de beber; é uma religião da arte de viver. Essa bebida converteu-se num pretexto para a adoração da pureza e do refinamento, um rito sagrado pelo qual anfitrião e convidado unem-se para produzir nesse ato a beatitude máxima da vida mundana. A sala do chá era um oásis na dissipação sombria da vida onde os viajantes cansados podiam encontrar-se para beber da fonte comum da apreciação da arte. O cerimonial era um drama improvisado cujo enredo se tecia de chá, flores e pinturas. Cor nenhuma a perturbar a tonalidade da sala, som nenhum a estragar o ritmo das coisas, nenhum gesto a intrometer-se na harmonia, palavra alguma a quebrar a unidade do ambiente, todos os movimentos executados com simplicidade e de forma natural – eis os objetivos do cerimonial do chá. E, por mais difícil que fosse, na maioria das vezes, os objetivos eram atingidos. Uma filosofia sutil estava por trás disso tudo: o Chaísmo era o taoismo disfarçado.

3. O TAOISMO E A PRÁTICA DO ZEN

A ligação da prática do zen com o chá é notória. Já observamos que a cerimônia do chá foi um desenvolvimento do ritual zen. O nome de Lao-Tzu, fundador do taoismo, está também intimamente ligado à história do chá. Nos compêndios escolares chineses, referentes às origens dos usos e costumes, lê-se que o ritual de oferecer chá a um convidado começou com Kwanyin [Yin Hsi],[17] discípulo muito conhecido de Lao-Tzu, que, à porta da Passagem Han, foi o primeiro a oferecer ao "Velho Filósofo" uma xícara do elixir dourado. Não vamos nos deter em busca da autenticidade dessas histórias que, todavia, servem para atestar o uso antigo da bebida pelos taoistas. No que diz respeito ao taoismo e à doutrina zen, interessa-nos aqui, principalmente, as ideias referentes à vida e à arte, tão intimamente ligadas ao que chamamos de Chaísmo.

É de lamentar-se não ter havido até agora nenhuma exposição adequada das doutrinas zen e taoista, em qualquer língua estrangeira, embora se tenham feito várias tentativas louváveis.

Traduzir é sempre uma traição e, como observa um certo autor Ming, será, no melhor dos casos, o avesso de um brocado – todos os fios estão ali presentes, mas não a sutileza da cor ou do desenho. Mas, afinal de contas, qual é a grande doutrina que se consegue expor facilmente? Os sábios antigos jamais apresentaram seus ensinamentos de forma sistemática. Falavam por paradoxos, pois temiam divulgar meias verdades. Começavam falando como loucos e acabavam transformando em sábios a seus ouvintes. O próprio Lao-Tzu, com seu humor singular, dizia: "Se as pessoas de inteligência medíocre ouvem falar do Tao, riem às baldas. E não seria o Tao, se não rirem dele."

Literalmente, Tao significa Senda. Tem sido alternadamente traduzido por o Caminho, o Absoluto, a Lei, Natureza, Razão Suprema, Método. Não são erradas essas interpretações, uma vez que o uso do termo pelos taoistas varia de acordo com o assunto em questão. O próprio Lao-Tzu fala dele nestes termos: "Algo existe que contém tudo, que nasceu antes da existência do Céu e da Terra. Quão silencioso e quão solitário! Permanece só e imutável. Gira sem perigo à sua própria volta e é a mãe do universo. Não lhe sei o nome, daí chamá-lo de Senda. Reluto em chamá-lo de Infinito. Infinito é o Efêmero, o Efêmero é o Evanescente, e o Evanescente é o Retorno." O Tao está na Passagem, mais do que na Senda. É o espírito da Mudança Cósmica – o crescimento eterno que retorna a si mesmo para gerar novas formas. Encolhe-se em si mesmo como o dragão, símbolo amado dos taoistas. Como as nuvens, contrai-se e expande-se. Pode-se falar do Tao como a grande transição. Subjetivamente, é o estado de Ânimo do Universo. Seu Absoluto é o Relativo.

Convém lembrar, em primeiro lugar, que o taoismo, à semelhança do seu genuíno sucessor, o zen, representa a tendência individualista da mentalidade chinesa do sul, em contraposição ao comunismo da China do norte, que se expressou através do confucionismo. O Império do Meio é tão grande quanto a Europa e suas diferentes idiossincrasias são marcadas pelos dois grandes sistemas fluviais que o atravessam. O Yangtse-Kiang e o Hoang-Ho correspondem ao Mediterrâneo e ao Báltico. Ainda hoje, apesar da unificação de vários séculos, o chinês do sul difere, em suas crenças e pensamentos, do seu irmão do norte – assim como a raça latina difere da teutônica. No passado, quando a comunicação era mais difícil do que hoje – e especialmente durante o período feudal – essa diferença de pensamento era mais acentuada. A arte e a poesia de um respiram atmosfera inteiramente distinta da do outro. Em Lao-Tzu e seus seguidores, bem como em Kutsugen [Ch'ü Yüan], predecessor dos poetas da natureza do Yangtse-Kiang, encontramos um idealismo de todo incompatível com as noções éticas prosaicas dos escritores do norte, seus contemporâneos. Lao-Tzu viveu cinco séculos antes da era cristã.

A origem das especulações taoistas pode ser encontrada bem antes do advento de Lao-Tzu, apelidado de Orelhas Compridas. Os antigos registros chineses, particularmente *O Livro das Mutações*, prenunciaram seu modo de pensar. Entretanto, o respeito enorme dedicado às leis e aos costumes, durante o período clássico da civilização chinesa, cujo apogeu determinou a implantação da dinastia Chu no século XVI a.C., pôs em xeque, por um bom tempo, o desenvolvimento do individualismo; de tal modo que, somente depois da decadência da dinastia Chu e a implantação de inúmeros reinos independentes, pôde ele florescer na exuberância do livre-pensamento. Lao-Tzu e Soshi [Chuang-Tzu] eram ambos do sul e as maiores expressões da Nova Escola. Por outro lado, Confúcio e seus inúmeros discípulos empenharam-se em conservar as convenções do passado. Não se compreenderá o taoismo sem algum conhecimento do confucionismo e vice-versa.[18]

Dissemos que o Absoluto taoista era o Relativo. Eticamente, os taoistas afrontaram as leis e os códigos morais, pois, para eles, certo e errado eram termos relativos. Definir é sempre limitar – "fixo" e "imutável" não passam de termos que expressam a interrupção do crescimento. Disse Kutsugen [Ch'ü Yüan]: "Os sábios movem o mundo." Nossos padrões de moralidade decorrem de necessidades passadas da sociedade, mas esta permanece sempre a mesma? A prática das tradições comunitárias implica sacrifício permanente para o Estado. A educação, a fim de manter a poderosa ilusão, fomenta uma espécie de ignorância. Não se ensina as pessoas a serem realmente virtuosas, mas a se comportarem convenientemente. Somos maus porque somos espantosamente autoconscientes. Não perdoamos jamais os outros porque sabemos que nós mesmos incidimos em erro. Afagamos nossa consciência porque não ousamos dizer a verdade aos outros; refugiamo-nos no orgulho porque receamos dizer a verdade a nós mesmos. Como se pode levar a sério o mundo, se ele próprio é tão ridículo? O espírito da barganha está em todo lugar. Honra e castidade! Eis o vendedor complacente vendendo a varejo o Bem e a Verdade! Pode-se até comprar o que chamam de religião, que na verdade não vai além de uma moralidade comum, santificada com flores e música. Despoje-se a Igreja de seus acessórios – o que restará? No entanto, as crenças prosperam às maravilhas, pois os preços são absurdamente baixos – ingresso ao céu por uma prece, uma cidadania honrada por um diploma. Esconda-se rápido debaixo de um alqueire, porque se sua real utilidade cair aos olhos do mundo, em breve você será arrebatado em leilão público pelo ofertante mais forte. Por que os homens e as mulheres gostam tanto de se promoverem? Não será isso mero instinto derivado do tempo da escravidão?

A força de uma ideia não reside menos em seu poder de imiscuir-se no pensamento contemporâneo do que em sua capacidade de dominar os movimentos futuros. O taoismo foi uma força ativa durante a dinastia Ch'in – época da unificação chinesa da qual se originou o nome China. Seria interessante se tivéssemos tempo para observar a influência do taoismo nos pensadores, matemáticos, escritores que versaram sobre leis e guerra, místicos e alquimistas contemporâneos e, mais tarde, nos poetas naturalistas de Yangtse-Kiang. Nem deveríamos esquecer os especuladores da Realidade que se perguntavam se um cavalo branco era real por ser branco, ou por ser um corpo sólido, nem os Conservadores das Seis dinastias que, como filósofos zen, divertiam-se em discussões a respeito do Puro e do Abstrato. Acima de tudo, cumpre-nos homenagear o taoismo pelo que fez em prol da formação do caráter chinês, dando-lhe certa capacidade para o recato e a finura, "calorosos como o jade". A história chinesa está repleta de exemplos em que os devotos do taoismo, tanto príncipes quanto eremitas, seguiam os ensinamentos de seu credo, alcançando resultados diversos e interessantes. Não faltará à narração um toque de ensinamento e de divertimento. Será rica de anedotas, alegorias e aforismos. E haveríamos de gostar de conversar com o maravilhoso imperador que nunca morreu pela simples razão de nunca ter vivido. Talvez com Lie-Tzu[19] flutuaríamos ao vento, achando-o absolutamente calmo, porque nós próprios seríamos o vento, ou habitaríamos no ar com o Ancião de Hoang-Ho, que vivia a meio caminho do Céu e da Terra, por não estar sujeito nem a um nem a outro. Mesmo na apologia grotesca do taoismo que hoje encontramos na China, podemos nos deleitar com a riqueza de imagens, sem equivalentes em qualquer outro culto.

Todavia, a principal contribuição do taoismo à vida asiática encontra-se no campo da estética. Os historiadores chineses referiram-se sempre ao taoismo como a "arte de estar no mundo" – porque ele trata do presente: nós mesmos. É em nós que Deus faz seu encontro com a Natureza, e o ontem se distingue do amanhã. O presente é o infinito em movimento, esfera legítima do Relativo. A Relatividade busca a Adaptação; Adaptação é Arte. A arte da vida reside na constante adaptação ao que nos rodeia. O taoismo aceita o mundo como ele é e, contrariamente aos confucionistas e budistas, esforça-se por encontrar beleza em nosso mundo de aflição e ansiedade. A alegoria Sung dos Três Provadores de Vinagre exemplifica admiravelmente a tendência das três doutrinas. Certa vez, Sakyamuni, Confúcio e Lao-Tzu puseram-se à frente de uma jarra de vinagre – símbolo da vida – e cada um molhou o dedo para provar a bebida. Confúcio achou-a azeda. Buda disse que era amarga e Lao-Tzu disse que era doce.

Os taoistas sustentavam que a comédia da vida seria mais interessante se todos preservassem o sentido de unidade. Guardar a proporção das coisas e dar lugar ao outros, sem perder sua própria posição, era o segredo do sucesso no drama do mundo. Precisamos conhecer o enredo todo a fim de que representemos bem nossa parte; jamais o conceito de totalidade deve perder-se no de individualidade. Lao-Tzu ilustra isso com sua metáfora favorita do Vazio. Afirmava que somente no vazio se encontra o essencial genuíno. A realidade de um quarto, por exemplo, se acharia no espaço vazio compreendido pelo teto e as paredes, e não no próprio teto e paredes. A utilidade de um jarro para água está no vazio onde a água pode ser colocada, não na forma do jarro ou do material de que é feito. O Vazio é o que pode tudo porque pode conter tudo. Somente no vazio o movimento torna-se possível. Aquele que pudesse se transformar num vazio em que os outros pudessem livremente introduzir-se se tornaria o dono de todas as situações. O todo sempre pode dominar a parte.

 Essas ideias taoistas influenciaram sumamente todas as nossas teorias de ação, mesmo as de esgrima e de luta romana. O jiu-jitsu, a arte japonesa de autodefesa, deve seu nome a uma passagem do *Tao-Te King*. Busca-se no jiu-jitsu tirar e exaurir a força do adversário pela não resistência, pelo vazio, enquanto se conserva a própria força, visando à vitória ao final da luta. Ilustra-se na arte a importância desse mesmo princípio, por meio do valor da sugestão. Deixando-se algo por dizer, dá-se ao observador a oportunidade de completar a ideia, e assim uma grande obra-prima prende irresistivelmente a atenção até que se tenha a sensação de se fazer parte dela. Existe ali um vazio que podemos penetrar e encher até o máximo com nossa capacidade de emoção estética.

Quem se fazia mestre da arte de viver convertia-se no Homem Verdadeiro para o taoista. Ao nascer, ele entra no reino dos sonhos para acordar para a realidade somente ao morrer. Atenua o esplendor próprio para mergulhar na obscuridade dos outros. "Reluta, como o caminhante ao cruzar um riacho no inverno; hesita, como aquele que teme o que está à sua volta; é respeitoso como um convidado; trêmulo, como o gelo prestes a derreter; modesto como uma peça de madeira ainda não entalhada; vazio como um vale; informe como a água agitada." Para ele, as três joias da vida são: Piedade, Parcimônia, Modéstia.

Se voltarmos agora a atenção para a doutrina zen, veremos que ela enfatiza os ensinamentos do taoismo. Zen é palavra derivada do termo sânscrito dhyana, que significa meditação. O zen afirma que, por meio das meditações sagradas, pode-se atingir a autorrealização. A meditação é um dos seis caminhos pelos quais o estado de Buda pode ser alcançado, e os adeptos do zen afirmam que Sakyamuni insistiu particularmente sobre esse método, em seus últimos ensinamentos, transmitindo as regras a seu discípulo principal, Kasyapa. Segundo essa tradição, Kasyapa, primeiro patriarca do zen, legou o segredo a Ananda que, por sua vez, o passou aos patriarcas subsequentes, até chegar a Bodhidharma, o 28º. Bodhidharma veio para o norte da

China nos primeiros anos do século VI e foi o primeiro patriarca zen chinês. Há grande incerteza a respeito da história e das doutrinas desses patriarcas. Parece que o zen primitivo, em seus aspectos filosóficos, tinha afinidade, de um lado, com o Negativismo Indiano de Nagarjuna e, de outro, com a filosofia Jñaña, formulada por Sankaracharya. Os primeiros ensinamentos do zen, conforme o conhecemos hoje, são devidos a Enō [Hui-nêng] (637-713), 6º patriarca chinês e fundador do zen do sul – assim chamado pelo fato de predominar nessa parte da China. O grande Baso [Ma-tsu] (morto em 788), que fez do zen uma influência viva no modo de viver chinês, veio logo depois dele. Hyakujō [Pai-chang] (719-814), pupilo de Baso, foi o primeiro a instituir o mosteiro zen, estabelecendo rituais e normas para dirigi-lo. Depois da época de Baso, encontramos nas discussões da escola zen o espírito da mentalidade Yangtse-Kiang, gerando a preponderância da maneira nativa de pensar sobre o idealismo indiano antigo. Qualquer que seja a afirmação contrária de um orgulho sectário, não podemos deixar de nos impressionar pela semelhança do zen do sul com os ensinamentos de Lao-Tzu e os Conservadores taoistas. No *Tao-Te King* já existem alusões à importância da autoconcentração e à necessidade de um controle adequado da respiração – pontos essenciais da prática da meditação zen. Alguns dos melhores comentários sobre o *Livro de Lao-Tzu* foram escritos por eruditos do zen.

A doutrina zen, como o taoismo, é o culto do Relativo. Um mestre define o zen como a arte de sentir a estrela polar nos céus do sul. A verdade só pode ser atingida pela compreensão dos opostos. O zen, assim como o taoismo, é forte defensor do individualismo. Nada é real, exceto o que diz respeito ao trabalho de nossa própria mente. Enō [Hui-nêng], o 6º patriarca, certa ocasião viu dois monges olhando a bandeira de um pagode flutuando ao vento. Dizia um: "É o vento que se move"; e o outro: "É a bandeira que se agita"; Enō, porém, explicou-lhes que o movimento real não era nem do vento nem da bandeira, mas sim de algo dentro de suas próprias mentes. Hyakujō [Pai-Chang] caminhava com um discípulo pela floresta, quando uma lebre correu assustada ao se aproximarem dela. "Por que a lebre fugiu de você?", perguntou Hyakujō. "Porque ela tem medo de mim", foi a resposta. "Não", disse o mestre, "é porque você tem um instinto assassino. "Esse diálogo lembra aquele de Soshi [Chuang-Tzu], o taoista. Certo dia, caminhava Soshi com um amigo à margem de um rio. "Com que prazer os peixes se divertem na água!", exclamou Soshi. Replicou-lhe o amigo: "Você não é um peixe; como sabe, então, que os peixes estão se divertindo?" "Você não é eu", retrucou-lhe Soshi; "como sabe que eu não sei que os peixes estão se divertindo?"

A doutrina zen se opôs frequentemente aos preceitos do budismo ortodoxo, analogamente à oposição do taoismo ao confucionismo. Para uma compreensão transcendental do zen, as palavras não passam de um embaraço ao pensamento, e toda a autoridade dos escritos budistas, apenas comentários sobre a especulação pessoal. Os seguidores do zen almejavam uma comunicação com a natureza íntima das coisas, considerando seus acessórios exteriores somente como empecilhos à percepção clara da Verdade. Foi esse amor ao Abstrato que levou o zen a preferir os desenhos em branco e preto às pinturas elaboradamente coloridas da escola clássica budista. Alguns seguidores do zen tornaram-se até iconoclastas, em consequência de seu afã de reconhecer Buda em si mesmos, e não por meio de imagens e simbolismos. Eis Tanka Osho [Tan Hsia] destruindo uma estátua de madeira de Buda para fazer fogo num dia de inverno. "Que sacrilégio!", exclamou um circunstante, tomado de horror. "Espero tirar Shali das cinzas", replicou calmamente o seguidor do zen. "Mas, com certeza você não vai retirar Shali dessa imagem!", foi a resposta irritada, a que Tanka retorquiu: "Se não conseguir, ela certamente não é um Buda e eu não estarei cometendo sacrilégio." E voltou a aquecer-se ao fogo ardente.[20]

Contribuição especial do zen ao pensamento oriental foi reconhecer que o temporal é tão importante quanto o espiritual. Sustentou que no relacionamento superior das coisas não havia distinção entre grandes e pequenos, possuindo um átomo as mesmas possibilidades do universo. Aquele que busca a perfeição carece de descobrir em sua própria vida o reflexo da luz interior. A organização de um mosteiro zen era muito significativa a esse respeito. A cada membro – exceção feita ao abade –, atribuía-se algum trabalho especial na manutenção do mosteiro e, coisa muito curiosa, aos noviços competiam as obrigações mais leves, enquanto as tarefas mais aborrecidas e humildes ficavam para os monges mais respeitáveis e adiantados. Tais serviços faziam parte da disciplina zen e até a menor das ações tinha de ser cumprida com absoluta perfeição. Desse modo, muitas discussões importantes vinham à baila ao cuidar-se do jardim, ao aparar-se uma tulipa ou ao servir o chá. O ideal todo do Chaísmo é o resultado dessa concepção zen da grandeza presente nos menores incidentes da vida. O taoismo forneceu a base para os ideais estéticos, o zen tornou-os práticos.

4. A CASA DE CHÁ

Para os arquitetos europeus, educados nas tradições das construções de pedra e tijolos, a maneira japonesa de construir com madeira e bambu pode parecer indigna de ser considerada como arquitetura. Não foi, senão recentemente, que um estudioso competente de arquitetura ocidental reconheceu e rendeu tributo à perfeição notável dos grandes templos japoneses.* Sendo essa a maneira de encarar a arquitetura clássica do Japão, dificilmente se poderia esperar que o profano viesse a dar valor à beleza sutil da casa de chá, uma vez que seus prin-

---

* Referimo-nos à obra *Impressions of Japanese Architecture and the Allied Arts*, de Ralph N. Cram, editado por The Baker & Taylor Co., N.Y., 1905.

cípios de construção e decoração diferem inteiramente dos adotados pelo Ocidente.

A casa de chá (Sukiya) não pretende ser mais do que uma simples casinha de campo – uma cabana de palha, como a chamamos. Os ideogramas primitivos que representam Sukiya significam "Casa da Fantasia". Mais tarde, os vários mestres do chá alternaram diversos caracteres chineses, de acordo com suas concepções de casa de chá, e o termo Sukiya pôde adquirir o sentido de "Casa do Vazio" ou "Casa do Assimétrico". Ela é uma "Casa da Fantasia" na medida em que se mostra uma estrutura efêmera, construída para acolher um impulso poético. É uma "Casa do Vazio" enquanto despojada de ornamentos, exceto daqueles nela colocados para satisfazer alguma necessidade estética do momento. É uma "Casa do Assimétrico" na medida em que se consagra o culto do imperfeito, deixando propositadamente algo inacabado para que a imaginação se incumba de completar.[21] Desde o século XVI os ideais do Chaísmo influenciaram a tal ponto a arquitetura do Japão que o interior das residências comuns de hoje, em função da extrema simplicidade e pureza de seus motivos de decoração, mostra-se quase despojado para os olhos dos estrangeiros.

A primeira casa de chá independente foi criação de Sen-no-Sōeki, comumente conhecido pelo nome que adotou mais tarde – Rikyu – o maior de todos os mestres do chá e que, no século XVI, sob a proteção do Taikō Hideyoshi,[22] instituiu e elevou ao mais alto grau de perfeição a formalidade da Cerimônia do Chá. As dimensões da casa de chá já haviam sido determinadas anteriormente por Shō-Ō, famoso mestre do chá do século XV. As primeiras casas de chá consistiam apenas de parte da sala de visitas, separada por biombos, que se destinava ao serviço do chá. Essa parte era chamada Kakoi (cercado), nome que ainda se dá às salas de chá constituídas como um dos cômodos da casa, e não como parte independente. A Sukiya consiste na casa de chá autônoma, projetada para acomodar não mais de cinco pessoas – número que traz à mente o ditado: "mais do que as Graças e menos do que as Musas" –; numa antessala (mizuya), onde se lavam e preparam os utensílios de chá antes de arrumá-los no recinto; num pórtico (machiai), onde os convidados aguardam até que recebam o sinal para entrar, e em um caminho ajardinado (o rōji), que liga o machiai à sala de chá. Pela aparência, a casa de chá é inexpressiva, menor do que a menor das residências japonesas, e os materiais empregados em sua construção procuram dar a ideia de uma humildade delicada. Convém lembrar, porém, que isso tudo resulta de uma profunda intenção estética e que os detalhes foram planejados com cuidados talvez até maiores do que os empregados na construção do mais rico dos templos e palácios. Uma boa casa de chá custa mais do que uma residência comum, tanto pela seleção de seus materiais como pelo seu artesanato – ambos exigindo cuidados e perfeição extremos. De fato, entre os artesãos, os marceneiros contratados pelos mestres de chá formam uma classe distinta e tida em alta consideração, não perdendo do seu trabalho em delicadeza para os que confeccionam móveis laqueados.

A casa de chá não apenas difere de qualquer produção arquitetônica ocidental, como ainda contrasta fortemente com a arquitetura clássica do próprio Japão. Os antigos edifícios japoneses da nobreza – seculares ou religiosos – não podemos menosprezá-los, ainda que seja pelo seu simples porte. Os poucos que escaparam às investidas calamitosas dos séculos ainda conseguem nos assombrar pela grandiosidade e riqueza de sua decoração. Colunas enormes de madeira, de 60 a 90 cm de diâmetro e de 9 a 10 metros de altura, suportavam, por meio de uma rede complicada de traves, as vigas enormes que rangiam ao peso das coberturas inclinadas de telhas. O material e o modo de construir, embora vulneráveis ao fogo, mostravam-se resistentes aos terremotos e adaptavam-se perfeitamente às condições climáticas do país. O Palácio Dourado de Horyuji e do Pagode de Yakushiji são exemplos notáveis da durabilidade da arquitetura japonesa em madeira. Esses edifícios conservaram-se praticamente intactos por quase doze séculos. O interior dos templos e palácios antigos era bem ornamentado. No templo Hōōdo, em Uji, datado do século X, podemos apreciar ainda os dosséis trabalhados e ricos baldaquinos, multicoloridos e marchetados de espelhos e madrepérola, bem como restos de pinturas e esculturas que outrora cobriam as paredes. Em Nikko e no castelo Nijo de

Kioto, encontramos maravilhas de estruturas sacrificadas a uma riqueza de ornamentação que, pelas cores e requinte de detalhes, equiparam-se ao extremo esplendor da criação árabe ou moura. A simplicidade e purismo da casa de chá resultaram do estímulo inspirado pelos mosteiros zen. Estes diferem dos mosteiros de outras seitas budistas, pois não pretendem ser mais do que uma simples construção para acomodar os monges. Sua capela não é um local de culto ou peregrinação, mas uma sala de ensino, na qual os estudiosos se reúnem para discussões e a prática da meditação. A sala é despojada, se excetuarmos um nicho central em que, atrás do altar, fica uma estátua de Bodhidharma, fundador da seita, ou de Sakyamuni, secundada por Kasyapa e Ananda,[23] os dois patriarcas zen mais antigos. Sobre o altar, ofertam-se flores e incenso em memória das grandes contribuições que estes deram ao zen. Dissemos anteriormente que foi o ritual instituído pelos monges zen de beberem todos chá de um tigela, diante da imagem de Bodhidharma, que lançou as bases da cerimônia do chá. Podemos acrescentar agora que o altar da capela zen foi o protótipo do Tokonoma, ou seja – o lugar de honra de uma sala japonesa onde se colocam quadros e flores para agradar os convidados.

Todos os grandes mestres do chá japoneses foram estudiosos do zen e empenharam-se em introduzir seu espírito nas realidades da vida. Assim, o ambiente, tanto quanto os demais utensílios da cerimônia do chá, refletem muitas das doutrinas do zen. As dimensões da casa de chá genuína, que tem quatro "mats" e meio, ou três metros quadrados, estão determinadas numa passagem do Sutra de Vikramaditya. Nessa interessante obra Vikramaditya recebe o santo Manjusri[24] e 84.000 discípulos de Buda numa sala dessa dimensão – alegoria baseada na teoria da inexistência do espaço para os verdadeiros iluminados. Aqui também o rōji, o caminho ajardinado que conduz do machiai para a sala de chá, significava o primeiro estágio de meditação – a passagem para a autoiluminação. Buscava-se por meio do rōji quebrar a ligação com o mundo exterior e criar uma sensação de frescor que levasse ao prazer pleno de esteticismo na sala de chá propriamente dita. Quem já percorreu esse caminho ajardinado não deixará de lembrar – à medida que caminhava à sombra de sempre-vivas, sobre as irregularidades simétricas dos pisos de pedra, sob os quais jazem ramos secos e pontiagudos de pinheiro, e ao passar junto das lanternas de granito cobertas de musgo – como seu espírito se libertava dos pensamentos triviais!... Mesmo estando em meio de uma metrópole, ainda assim a pessoa se sentirá como numa floresta, muito distante da poeira e dos ruídos da civilização. Os mestres do chá revelaram enorme engenhosidade na forma de produzir esses efeitos de serenidade e pureza. A natureza das sensações a serem despertadas ao passar pelo rōji variou com os diferentes mestres. Alguns, com Rikyu, buscavam completa solitude e pretendiam que o segredo da feiura de um rōji estava contida na antiga canção:

> Fixo a vista adiante;
> Não há flores
> Nem folhas matizadas
> À beira-mar,
> solitária, ergue-se uma casinha
> à luz pálida
> de um entardecer de outono.

Outros, como Kobori Enshu, buscavam efeito diferente: dizia que a ideia de um caminho ajardinado deveria ser tomada dos seguintes versos:

> Um grupo de árvores no outono,
> Um pedaço de mar,
> Uma lua pálida ao anoitecer.

Não é difícil lhe captar a ideia. Queria ele recompor o estado de um espírito recém-acordado, tomado ainda de sonhos vagos do passado e ainda mergulhado na doce inconsciência de uma melodiosa luz espiritual e ansioso da liberdade que se encontra na imensidão fora dele, no além.

Assim preparado, o convidado se aproximará silenciosamente do santuário e, se for samurai, colocará a espada na prateleira sob os beirais do telhado, porque a casa de chá é um recinto preeminentemente de paz. Então se curvará e entrará agachado no recinto, atravessando a pequena porta, de altura não superior a 90 cm. A isto se submetem os convidados – tanto os altos quanto os baixos; a intenção é despertar um sentimento de humildade. Havendo sido estabelecida de comum acordo a ordem de precedência, enquanto se encontravam ainda no machiai, os convidados entram, um a um, sem ruído, e tomam seus lugares, não sem antes reverenciarem o quadro ou arranjo floral do tokonoma. O anfitrião não entrará até que todos os convidados estejam acomodados, reinando a quietude, sem nada a quebrar o silêncio, salvo o borbulhar sonoro da água fervendo na chaleira de ferro. O canto da chaleira é nítido, já que pedaços de ferro são depositados no fundo, de modo a produzir uma melodia peculiar, em que se pode distinguir o eco de uma catarata sufocada por nuvens, de um mar longínquo quebrando nas rochas, de uma tormenta varrendo uma floresta de bambus, ou do murmúrio de pinheiros em qualquer morro distante.

Mesmo durante o dia, a luz do recinto é atenuada, graças aos beirais baixos do telhado inclinado que não deixam passar, senão, poucos raios de sol. Tudo é sóbrio nas cores, do teto ao chão; até os convidados escolhem cuidadosamente vestes de cores discretas. Vê-se um toque de passado em todas as coisas, sendo proibido seja o que for que sugira aquisição recente, exceção única feita ao contraste causado pela concha de bambu e o guardanapo de linho – um e outro irrepreensivelmente brancos e novos. Por mais esmaecidas que possam parecer a casa e os apetrechos de chá, tudo é absolutamente limpo. Sequer uma partícula de pó será encontrada nem no canto mais escondido – porque se o for, o anfitrião não será um mestre de chá. O pré-requisito principal de um mestre de chá é saber como varrer, limpar e lavar, porque existe uma arte de limpar e tirar o pó. Uma peça antiga trabalhada em metal não pode ser tratada com o zelo inescrupuloso de uma dona de casa descuidada. A água que goteja de um vaso de flores não precisa ser removida; ela pode sugerir orvalho e frescor.

A propósito, conta-se uma história de Rikyu que bem ilustra a ideia de limpeza nutrida pelos mestres de chá. Rikyu observava o filho Sho-an, enquanto este varre e molha o caminho ajardinado. "Ainda não está totalmente limpo", disse Rikyu, quando Sho-an terminara o serviço, e ordenou-lhe recomeçar. Depois de uma cansativa hora de trabalho, replicou o filho a Rikyu: "Não há mais nada a ser feito, pai. Os degraus foram lavados pela terceira vez, as lanternas de pedra e as árvores bem espargidas de água, os musgos e os líquens exibem um verde frescor; nem um galho ou folha deixei ao chão." "Jovem tolo", ralhou o mestre de chá, "não é esse o modo de limpar um caminho ajardinado". E, dizendo isso, Rikyu percorreu o caminho, sacudiu uma árvore e espalhou pelo jardim folhas douradas e rubras, retalhos de brocado de outono! O que Rikyu pretendia não era uma limpeza solitária, mas associada ao belo e ao natural.

O nome "Casa da Fantasia" implica uma estrutura criada com o objetivo de se alcançar alguma exigência artística pessoal. A casa de chá é feita para o mestre de chá, não o mestre de chá para a casa de chá. Não é voltada à posteridade, daí sua efemeridade. A ideia de que cada um deveria ter sua própria sujiya baseou-se no costume antigo do povo japonês: a superstição xintoísta que determina que seja abandonado todo recinto à morte do seu principal ocupante. Talvez tenha existido alguma razão salutar para esse costume. Outro hábito antigo era que, ao se casar, deveriam os noivos receber uma casa recém-construída. É por causa desses costumes que vemos as capitais do Império frequentemente mudando de um ponto para outro, nos tempos antigos. A reconstrução, a cada vinte anos, do templo de Ísis, santuário supremo da Deusa do Sol, é exemplo de um desses rituais antigos, ainda hoje prevalecente. O cumprimento de semelhantes costumes só era possível com um tipo de construção como o propiciado pelo sistema japonês de arquitetura de madeira, de fácil desmontagem e remontagem. Um estilo mais duradouro, com emprego de tijolos e de pedras, teria tornado impraticáveis as migrações, como de fato ocorreu quando se adotaram no Japão, depois do período Nara, as construções chinesas de madeira, mais estáveis e sólidas.

Com o predomínio do individualismo zen no século XV, entretanto, a ideia antiga imbuiu-se de um significado mais profundo, concebido em ligação com a casa de chá. O zen, de acordo com a teoria budista do esvaecimento e suas exigências pelo primado do espírito sobre a matéria, reconhecia a casa apenas como um refúgio temporário para o corpo. O corpo em si não passava de uma cabana no deserto, abrigo frágil feito de palha trançada, que cresce à sua volta; uma vez desfeitos os laços, voltava a palha à sua inutilidade original. Na casa de chá, a fugacidade é sugerida pelo telhado de sapé; a fragilidade, pelas colunas delgadas; a leveza, pelos suportes de bambu; o descuido aparente, pelo uso de materiais corriqueiros. O perene será encontrado apenas no espírito que, embalado por esse ambiente simples, embeleza-os com a luz sutil do seu refinamento.

Que a casa de chá devesse ser construída para satisfazer um gosto individual é uma imposição do princípio da vitalidade da arte. A arte, para ser aprendida em sua totalidade, deve estar conforme a vida contemporânea. Não que devamos ignorar as reivindicações da posteridade, mas sim, que devemos procurar agradar mais aos contemporâneos. Nem quer dizer que devamos desprezar as criações do passado, mas que devemos procurar assimilá-las em nossa conscientização. A conformidade escravizada às tradições e fórmulas aguilhoa a expressão de individualidade na arquitetura e não podemos chorar ao ver no Japão moderno as imitações insensatas de construções europeias. Surpreendemo-nos ao ver como, entre as nações ocidentais mais progressistas, a arquitetura tenha podido ser tão carente de originalidade, tão repleta de reproduções de estilos obsoletos. Talvez estejamos atravessando uma era de democratização da arte, enquanto aguardamos o surgimento de algum mestre fabuloso que estabeleça uma dinastia nova. Quem dera amássemos mais os antigos e os copiássemos menos! Tem-se dito que os gregos foram grandes porque nunca imitaram os antigos.

O termo "Casa do Vazio", além de moldar-se à teoria taoista do "contendo tudo", implica o conceito de uma necessidade contínua de mudança nos motivos de decoração. A casa de chá é absolutamente vazia, exceto quanto ao que se lhe possa incluir temporariamente a fim de satisfazer algum capricho estético. Alguns objetos de arte são colocados para a ocasião, e tudo o mais é disposto de modo a ressaltar a beleza do tema principal. Não se pode ouvir mais de uma peça musical ao mesmo tempo; a compreensão real do belo só é possível por meio da concentração em torno de um motivo central. Daí vermos que o sistema de decoração das casas de chá japonesas é o oposto do que segue o Ocidente, onde o interior da casa não raro se transforma em museu. Para o japonês, acostumado à simplicidade da ornamentação e à mudança frequente da maneira de decorar, um interior ocidental, permanentemente cheio de quadros, estátuas e quinquilharias, causa-lhe a impressão de uma simples e vulgar exibição de riquezas. Impõe-se forte poder de apreciação crítica para aproveitar da contemplação constante, ainda que seja de uma obra-prima, e, na verdade, tem de ser ilimitada a capacidade de sentir a arte naqueles que, dia após dia, vivem em meio de tamanha mistura de cores e formas – como é o caso frequente das casas da Europa e da América.

A "Casa Assimétrica" sugere outra fase do processo japonês de decoração. A ausência de simetria nos objetos de arte japonesa tem sido tema de frequentes comentários dos críticos ocidentais. Isso também é resultado de uma elaboração baseada nos ideais zen e taoistas. O confucionismo, com seu enraizado ideal do dualismo, e o budismo do norte, com sua adoração da trindade, de maneira alguma criaram oposição à expressão da simetria. Realmente, se estudarmos os antigos bronzes da China ou a arte religiosa da dinastia T'ang e do período Nara, descobriremos uma preocupação constante com a simetria. A decoração dos interiores clássicos japoneses teve decididamente uma feição regular em seu arranjo. Entretanto, a concepção zen e taoista de perfeição era diferente. A natureza dinâmica de suas filosofias deu maior ênfase ao modo pelo qual se olhava a perfeição do que à própria perfeição. O belo seria alcançado somente por aquele que mentalmente completasse o incompleto. A força da vida e da arte repousa nas suas possibilidades de crescimento. Na casa de chá, deixa-se à imaginação do convidado completar o conjunto total, de acordo com seu gosto pessoal. Desde que o zen se tornou o modo de pensar predominante, a arte do Extremo Oriente evitou propositadamente a simetria por expressar não só o completo como também o repetitivo. A uniformidade do desenho foi tida como fatal para o frescor da imaginação. Assim, paisagens, pássaros e flores converteram-se em assuntos preferidos da pintura, em lugar da figura humana, a qual se faz presente na pessoa do próprio espectador. Frequentemente ficamos em demasiada evidência e, a despeito de nossa vaidade, até mesmo nossa própria apreciação acaba virando monotonia.

Na casa de chá, o medo de repetição é algo constante. Os vários objetos a serem nela utilizados como decoração deverão ser tão bem selecionados que nem a cor nem o desenho devem repetir-se. Se houver uma flor natural, não será permitido quadro com flores. Se for usada uma chaleira redonda, a concha de água deverá ser angular. Uma xícara de esmalte preto não poderá estar ao lado de um recipiente de chá de laca preta. Ao colocar-se um vaso no queimador de incenso do tokonoma, certifique-se de não colocá-lo exatamente no centro, para não dividir o espaço em metades iguais. O suporte do tokonoma deverá ser de madeira de tipo diferente das demais colunas, de modo a quebrar qualquer sugestão de monotonia no ambiente.

Ainda que o método japonês de decorar interiores difira do ocidental, no Ocidente veem-se dispostos simetricamente os objetos sobre a lareira e demais lugares e, frequentemente, deparamos com o que se nos afigura uma repetição inútil. Para nós é penoso conversar com um indivíduo, e ao mesmo tempo ter-lhe o retrato de corpo inteiro fitando-nos às suas costas. Ficamos a imaginar quem é real, o do retrato ou o que nos fala, sobrando-nos a curiosa convicção de que um deles deve ser falso. Mais de uma vez, sentamo-nos a uma mesa de festa, contemplando, com uma perturbação secreta à nossa digestão, a representação de abundância nas paredes da sala de jantar. Para que essas reproduções de vítimas da caça esportiva, esses desenhos esmerados de peixes e frutas? Para que a exibição da baixela de prata de família, recordando-nos aqueles que nelas jantaram e hoje estão mortos?

A simplicidade da casa de chá, livre da vulgaridade, transforma-se muitas vezes num santuário, afastado da opressão do mundo exterior. Nela e somente nela alguém pode se consagrar à adoração imperturbável do belo. No século XVI, a casa de chá propiciara uma trégua aprazível ao empenho dos guerreiros ferozes e aos homens de Estado envolvidos com a unificação e reconstrução do Japão. No século XVII, depois que se impôs o formalismo severo do governo Tokugawa, oferecia ela a única alternativa possível para a livre comunhão dos espíritos artísticos. Diante de uma grande obra de arte, não havia distinção entre daimyo, samurai e simples cidadão. Hoje em dia, o industrialismo vem tornando o bom gosto verdadeiro cada vez mais difícil, em toda parte. Será que não estamos mais do que nunca carentes de casas de chá?

5. A APRECIAÇÃO
DA ARTE

Você conhece o conto taoista da Harpa Domada?
Outrora, nos antigos tempos, ergue-se no Desfiladeiro dos Homens Lung* uma árvore kiri [paulownia], verdadeira rainha da floresta. Sua copa elevava-se tanto que podia falar às estrelas; as raízes mergulhavam fundo na terra, confundindo suas tranças de cor bronze com as do dragão prateado que dormia lá embaixo. E aconteceu que um poderoso feiticeiro transformou a árvore numa harpa encantada, cujo espírito obstinado só poderia ser domado pelo maior dos músicos. Por muito tempo, o instrumento foi conservado pelo Imperador da China, e vãos

---
* A Garganta do Dragão de Honan.

eram todos os esforços daqueles que, uns após outros, buscavam extrair melodia de suas cordas. Em resposta a seus empenhos, saíam da harpa apenas notas ásperas de desdém, desafinando das canções que de bom grado eles gostariam de cantar. A harpa recusava-se a reconhecer um mestre.

Finalmente, apareceu Pai Ya, o príncipe dos harpistas. Com mãos carinhosas, afagou a Harpa como o faria alguém para acalmar um cavalo indomável, e levemente se pôs a tocá-la. Cantou a natureza e as estações, as altas montanhas e a água corrente – e fez acordar todas as recordações da árvore! De novo, o halo doce da primavera brincou entre seus ramos. As cataratas jovens, dançando desfiladeiro abaixo, sorriam às flores que desabrochavam. Logo se ouviram as vozes sonolentas do verão, com seus milhares de insetos, o tamborilar terno da chuva, o gemido do cuco. Ouça! Um tigre urra e responde-lhe o vale. É outono; na noite deserta, afiada como uma espada, cintila a lua sobre a relva enregelada. Agora é o inverno que predomina, e no ar carregado de neve rodopiam bandos de cisnes e o granizo barulhento castiga os ramos, cheio de prazer feroz.

Então, Pai Ya mudou de tom e cantou o amor. A floresta agitava-se como um mancebo perdidamente mergulhado em seus pensamentos. No alto, como virgem indomável, a nuvem corre brilhante e formosa; ao passar, porém, deixou pelo chão o longo rastro de sombras, negras como o desespero. Mais uma vez a melodia foi alterada; Pai Ya cantou a guerra, o tinir de ferros e o trepidar de corcéis. E surgiu da harpa a tempestade de Lung Men, o dragão montou no raio, a imensa avalanche foi de encontro às montanhas. Arrebatado, o rei celeste perguntou a Pai Ya onde repousava o segredo de sua vitória. "Senhor", replicou ele, "os demais falharam porque cantaram somente sobre si mesmos. Eu deixei a harpa escolher seus temas, e não procurei saber realmente se a harpa era Pai Ya ou se Pai Ya era a harpa."

Este conto ilustra bem o mistério da apreciação da arte. A obra-prima é uma sinfonia executada com nossos sentimentos mais nobres. A arte verdadeira é Pai Ya e nós somos a harpa de Lung Men. Ao toque mágico da beleza, as cordas secretas do nosso ser despertam e nós vibramos emocionados em resposta a seu apelo. A mente fala à mente. Damos ouvido ao que não está dito e enxergamos o invisível. O mestre extrai notas que desconhecemos. Lembranças há muito esquecidas ressurgem-nos com novos significados. Esperanças sufocadas pelo medo, anseios que não ousamos reconhecer, manifestam-se em nova glória. Nossa mente é a tela onde os artistas dispõem suas cores; os pigmentos são nossas emoções; os claros-escuros, o lampejo da nossa alegria ou a sombra da nossa tristeza. A obra-prima pertence-nos, como nós pertencemos à obra-prima.

A comunhão harmoniosa de mentes, necessária para a apreciação da arte, deve ser baseada em concessões mútuas. É preciso que o espectador cultive a atitude conveniente ao recebimento da mensagem, assim como cabe ao artista saber como reparti-la. O mestre de chá Kobori Enshu, ele próprio um daimyo, deixou-nos estas palavras memoráveis: "Aproxime-se de uma grande pintura como se aproximasse de um grande príncipe." Para entender uma obra-prima é necessário anular-se diante dela e, com respiração contida, ficar na expectativa da mais sutil de suas mensagens. Um eminente crítico Sung certa vez pronunciou uma confissão encantadora: "Em minha juventude", disse ele, "elogiei os mestres de cujas pinturas gostava, mas com o amadurecer do meu julgamento, passei a elogiar a mim mesmo por gostar daquilo que os mestres tinham escolhido para que eu gostasse." É de se lamentar que tão poucos de nós realmente se esforcem por estudar o jeito de ser dos mestres. Em nossa obstinada ignorância, recusamo-nos a tributar-lhes esta simples cortesia, e com isso deixamos de ver com frequência o rico repasto de beleza servido à frente dos nossos olhos. Um mestre sempre tem algo a oferecer, enquanto prosseguimos famintos, devido unicamente à nossa incapacidade de apreciação.

Ao apreciador, uma obra-prima converte-se em realidade viva, com a qual se une por laços de amizade. Os mestres são imortais porque seus amores e temores vivem perenemente em nós. A alma, mais do que a mão, o homem, mais do que a técnica, é que nos atraem; quanto mais humano o apelo, mais intensa a nossa resposta. Graças a esse secreto entendimento entre nós e o mestre, sofremos ou nos alegramos com o herói e a heroína do romance ou da poesia. Chikamatsu, o Shakespeare dos japoneses, definiu como um dos primeiros princípios da composição dramática a importância de o autor ganhar a confiança do público. Muitos alunos submeteram-lhe peças para aprovação; somente uma, porém, despertou-lhe entusiasmo. Era uma obra parecida com a *Comédia dos Erros*, em que dois gêmeos sofrem com os enganos de identidade. "Esta", disse Chikamatsu, "tem o espírito próprio do drama, porque leva em consideração os espectadores, permitindo-lhes saber mais do que os atores. O público sabe onde residem os erros e condói-se dos pobres personagens que, no palco, se precipitam inocentemente para seu destino."

Os grandes mestres, tanto do Ocidente quanto do Oriente, não esqueceram nunca o valor da sugestão como meio para introduzir o espectador em suas confidências. Quem é capaz de contemplar uma obra-prima, sem se admirar com o imenso panorama de pensamento aberto à sua consideração? Quão familiares e admiráveis são todas elas – e quão frios, em contraste, os lugares comuns modernos! Sentimos nas primeiras, a efusão calorosa de um coração humano – nas outras, somente um cumprimento formal. Absurdo em sua técnica, o homem moderno raramente sai de si mesmo. Semelhante aos músicos que em vão procuraram tocar a harpa de Lung Men, seu canto fala apenas de si próprio. Suas obras por certo estão próximas da ciência, distantes, todavia, da humanidade. Diz um velho ditado do Japão que a mulher não pode amar um homem realmente fútil, porque não há espaço no coração dele por onde o amor entre e o preencha. Na arte, a vaidade também é fatal ao sentimento de afinidade, quer da parte do artista, quer do lado do público.

Nada é mais sagrado do que a união de espíritos afins pela arte. No instante do encontro, o amante da arte transcende a si próprio: é e não é ao mesmo tempo. Dá uma olhadela para o Infinito, mas as palavras são incapazes de expressar-lhe o prazer, pois o olhar não tem língua. Livre dos grilhões da matéria, seu espírito move-se ao ritmo das coisas. Essa é a maneira pela qual a arte assemelha-se à religião e enobrece a humanidade. É isso que torna a obra-prima algo sagrado. Nos tempos antigos, era intensa a veneração que os japoneses davam à obra de um grande artista. Os mestres de chá guardavam seus tesouros com sigilo religioso e, não raro, era mister abrir toda uma série de caixas – uma dentro da outra – antes de alcançar a própria relíquia: o invólucro de seda, entre cujas dobras leves jazia o santo dos santos. E raramente expunha-se o objeto à vista, e nestes casos somente aos iniciados.

Ao tempo da ascensão do Chaísmo, os generais de Taiko sentiam-se mais satisfeitos com o presente de uma obra de arte rara do que com a grande concessão de um território, como recompensa pela vitória. Muitos dos dramas favoritos do Japão têm por tema a perda e recuperação de uma obra-prima notável. Por exemplo, em certa peça, o palácio do suserano Hosokawa, onde se conservava a célebre tela de Daruma (Bodhidharma), pintada por Sesson, repentinamente pega fogo, por negligência do samurai encarregado de vigiá-la. Resolvido a resgatar o precioso quadro, a qualquer preço, o samurai lança-se no prédio em chamas e apanha o kakemono; entretanto, todas as saídas ficam bloqueadas pelo fogo. Pensando apenas na pintura, ele dá um talho no próprio corpo com a espada, enrola o Sesson com as mangas rasgadas e enfia-o na ferida aberta. Finalmente, extingue-se o fogo. Entre as cinzas quentes é encontrado um corpo simicarbonizado e, dentro dele, o tesouro não tocado pelo fogo. Por mais chocantes que sejam histórias como essa, elas ilustram bem o grande valor que os japoneses atribuem a uma obra-prima, além de destacar a devoção de um verdadeiro samurai.

Deve-se recordar, porém, que a arte só tem valor enquanto nos diz alguma coisa. Terá ela uma linguagem universal, se nós também formos universais em nossas afinidades. Nossa natureza finita, a força da tradição e das convenções, assim como nossos instintos hereditários, limita-nos a capacidade de satisfação artística. Em certo sentido, nossa própria individualidade fixa um limite ao nosso entendimento, e nossa personalidade estética busca suas próprias afinidades nas criações do passado. É verdade que, pela cultura, ampliamos nosso sentido de apreciação da arte e habilitamo-nos a nos deleitar com expressões do belo não reconhecidas até então. Em última análise, porém, vemos apenas nossa própria imagem no universo –

nossas idiossincrasias particulares determinam o jeito de ser de nossas percepções. Os mestres de chá colecionavam apenas objetos que se enquadravam perfeitamente dentro da média do seu gosto pessoal.

Isso nos faz lembrar, a propósito, uma história ligada a Kobori Enshu. Recebia Enshu os cumprimentos dos seus discípulos pelo bom gosto que teve na escolha de sua coleção. Diziam eles: "Cada peça é tal que ninguém pode abster-se de admirá-la. Mostram que o senhor teve mais bom gosto do que Rikyu, pois a coleção deste só podia ser apreciada por um espectador entre milhares." Profundamente abatido, replicou-lhes Enshu: "Pois isso prova apenas o quão comum eu sou. O grande Rikyu ousava gostar somente daqueles objetos que pessoalmente o motivavam, enquanto eu inconscientemente lisonjeei o gosto da maioria. Verdadeiramente, Rikyu foi o único entre milhares de mestre de chá."

É de se lamentar bastante que boa parte do aparente entusiasmo hoje em dia voltado à arte não se fundamenta num sentimento genuíno. Nesta nossa época democrática, os homens aplaudem aquilo que popularmente é considerado o melhor, sem levar em conta os próprios sentimentos. Querem o que tem alto preço, não o que é fino; aquilo que está na moda, não o belo. Para as massas, a contemplação de revistas ilustradas, digno produto de sua própria industrialização – dá-lhes alimento mais digerível ao prazer artístico do que os italianos primitivos ou os mestres Ashikaga, a quem fingem admirar. O nome do artista tem mais importância para eles do que a qualidade do seu trabalho. Como se queixava um crítico chinês, há séculos: "O povo critica uma pintura com os ouvidos." É essa falta de apreciação autêntica a responsável pelos horrores pseudoclássicos que hoje nos saúdam, qualquer que seja o lado a que nos voltemos.

Outro erro comum é confundir arte com arqueologia. A veneração dedicada à antiguidade é um dos melhores traços do caráter humano e ficaríamos felizes de cultivá-lo em grau ainda maior. É correto que se venerem os mestres antigos por nos terem aberto o caminho para o esclarecimento futuro. O simples fato de terem passado ilesos através de séculos de crítica, e chegado até nós cobertos ainda de glória – impõe-nos respeito. Seríamos, porém, insensatos se lhes avaliássemos os trabalhos considerando simplesmente a idade. No entanto, permitimos que nossa simpatia histórica sobreponha-se a nosso discernimento estético. Ofertamos flores de aprovação, enquanto o artista descansa seguro em seu túmulo. Além disso, repleto da teoria da evolução, o século XIX criou em nós o hábito de perdermos de vista o indivíduo em meio à espécie. O colecionador anseia por adquirir espécimes que ilustrem um período ou uma escola, e esquece-se de que uma única obra-prima pode nos ensinar mais do que inúmeras mediocridades de dado período ou escola. Classificamos demais e apreciamos demasiado pouco. O sacrifício da estética ao assim chamado método científico de exibição tem sido a perda de muitos museus.

Os apelos da arte contemporânea não podem ser ignorados em nenhum esquema essencial da vida. A arte de hoje é a que realmente nos pertence: é reflexo de nós mesmos. Condenando-a, não fazemos mais do que nos condenar também. Dizemos que a era presente não possui arte: – e quem é o responsável por isso? É uma vergonha, de fato, que, a despeito de todo o nosso entusiasmo pelos antigos, tão pouca atenção dediquemos às nossas próprias possibilidades. Artistas denodados, almas exaustas e inertes à sombra do frio desdém! Em nosso século voltado para si mesmo, que inspiração lhes oferecemos? Bem possivelmente, lança o passado um olhar de piedade à pobreza da nossa civilização; o futuro sorrirá à aridez da nossa arte. Estamos destruindo a arte ao destruir a beleza na vida. Quem dera algum grande mágico consiga, do tronco da sociedade, entalhar uma harpa poderosa cujas cordas ressoem harmonias ao toque do gênio!

6. FLORES

No cinza trêmulo de uma aurora primaveril, quando os pássaros murmuram entre as árvores numa cadência misteriosa – você já notou que um está falando ao outro a respeito das flores? Sem dúvida, a admiração que a humanidade tem pelas flores deve ter nascido com a poesia de amor. Onde melhor do que numa flor suave em sua inconsciência e perfumada graças a seu silêncio, podemos imaginar o desabrochar de uma alma virgem? Ao oferecer o primeiro ramalhete à sua amada, o homem primitivo deixou de ser bruto. Ele tornou-se humano neste ato de elevar-se acima das necessidades grosseiras da natureza. Penetrou no reino da arte ao perceber a utilidade sutil do inútil.

Na alegria ou na tristeza, as flores são nossas amigas constantes. Com elas comemos, bebemos, cantamos, dançamos e namoramos. Casamos e batizamos entre flores. E não ousamos morrer sem elas. Adoramos rodeados de lírios, meditamos entre lótus e perfilamo-nos na linha de combate com rosas e crisântemos. Até mesmo tentamos usar a linguagem das flores. Como poderíamos viver sem elas? Assusta-nos imaginar um mundo privado da sua presença. Que conforto não levam à cabeceira do doente, que lampejo de alegria às sombras dos espíritos deprimidos? Sua ternura serena devolve-nos a já esmaecida confiança no universo, assim como o olhar absorto de uma linda criança recorda-nos perdidas esperanças. Ninguém mais, senão elas, permanecem tristes sobre nossos túmulos, quando jazemos sob a terra.

Por mais triste que seja, não podemos esconder o fato de que, a despeito da nossa convivência com as flores, não nos distanciamos muito dos brutos. É só arranhar a pele de cordeiro e o lobo dentro de nós logo arreganha os dentes. Tem-se dito que o homem aos dez anos é um animal; aos vinte um lunático; aos trinta um fracasso; aos quarenta uma fraude e aos cinquenta um criminoso. Talvez se converta em criminoso porque nunca deixou de ser um animal. Nada é real para nós, a não ser a fome; nada é sagrado, exceto nossos próprios desejos. Uns após outros, os santuários ruíram diante dos nossos olhos; um altar, porém, ainda sobrevive e é onde queimamos incenso ao ídolo supremo: nós próprios. Nosso deus é grande, e o dinheiro o seu Profeta! Devastamos a natureza para prestar-lhe sacrifício. Orgulhamo-nos de haver conquistado a Matéria e não nos damos conta de que foi a Matéria que nos escravizou. Quantas e quais atrocidades não praticamos em nome da cultura e do requinte!

Digam-me, flores gentis, lágrimas das estrelas, que permanecem nos jardins, meneando a cabeça para as abelhas, enquanto elas cantam o orvalho e os raios de sol – vocês têm consciência do destino terrível que as aguarda? Sonhem, balancem e brinquem enquanto podem, ao embalo da brisa do verão! Amanhã, uma mão rude apertará suas gargantas; vocês serão arrancadas, cortadas ramo a ramo e afastadas para longe do seu recanto tranquilo. A vilã poderá ser uma mulher extremamente bela. Poderá dizer quão belas vocês são, enquanto ainda tem os dedos molhados do seu sangue. Digam-se, será isso bondade? Talvez seja o destino de vocês acabarem prisioneiras no cabelo de alguém sabidamente cruel, ou findar na lapela de outrem que não ousaria olhá-las nos olhos, fossem vocês um homem. Ou quem sabe ainda, reserve-lhes a sorte serem confinadas em algum vaso estreito, apenas com água estagnada que lhes sacie a sede enlouquecedora, sinal da vida que se esvai.

Sabem, flores, se estivessem na terra do Mikado, cedo ou tarde acabariam encontrando um personagem aterrador, armado de tesoura e de um serrinha. Apelidando-se

Mestre de Flores, arrogar-se-ia o direito de médico, e vocês instintivamente o odiariam, sabendo que os médicos procuram sempre prolongar o sofrimento de suas vítimas. Ele as cortaria, as dobraria e as enrolaria nas posições mais impossíveis que, para ele, seriam convenientes para vocês. Torceria seus músculos e deslocaria seus ossos como todo osteopata. Queimá-las-ia com carvões em brasa para estancar-lhes o sangue e furá-las-ia com arame para ajudar-lhes a circulação. Dar-lhes-ia uma dieta de sal, vinagre, alume e, por vezes, ácido sulfúrico. Despejar-lhes-ia água fervente nas raízes, quando julgasse que vocês estivessem prontas para "desmaiar". Orgulhar-se-ia de paralisar a vida dentro de vocês por duas ou mais semanas, o que teria sido possível sem esse tratamento. Será que vocês não prefeririam terem sido mortas imediatamente ao serem capturadas? Quais crimes teriam cometido em encarnações passadas para que se justificasse semelhante castigo no presente?

A devastação desenfreada das flores entre as sociedades ocidentais é ainda mais espantosa do que o modo pelo qual as tratam os Mestres de Flores do Oriente. A quantidade de flores colhidas diariamente para adornar salões de bailes e mesas de banquetes na Europa e na América, e jogadas fora na manhã seguinte – é algo de espantoso; postas em filas formariam uma guirlanda à volta do universo. Ao lado dessa absoluta indiferença pela vida, a culpa do Mestre de Flores torna-se insignificante. Ele, pelo menos, respeita a economia da natureza, seleciona suas vítimas com atenta previsão e, quando mortas, honra-lhes os restos. No Ocidente, a exibição das flores parece fazer parte do aparato da riqueza – a fantasia de um instante. Para onde vão essas flores, passada a orgia? Nada é mais digno de consideração do que ver uma flor murcha desapiedadamente jogada num monte de lixo.

Por que nascem as flores tão belas e, no entanto, tão sem sorte? Os insetos podem aferroar, e até o mais manso dos animais luta quando acuado. Os pássaros, cujas penas são procuradas para enfeitar certos chapéus, podem voar de seus perseguidores; o animal felpudo cuja pele você cobiça para revestir seu próprio casaco pode esconder-se à sua aproximação. E, por Deus! As únicas flores que sabemos ter asa são as borboletas; todas as demais mantêm-se impotentes diante dos seus destruidores. Se acaso gritam em sua agonia mortal, seus gritos jamais alcançam nossos ouvidos insensíveis. Somos sempre cruéis para aqueles que nos amam e nos servem em silêncio; entretanto, virá o tempo em que, devido a nossa crueldade, nossos melhores amigos nos abandonarão. Não notaram que as flores silvestres tornam-se mais raras a cada ano que passa? Quem sabe seus sábios aconselharam-nas a partir até que os homens tornem-se mais humanos. Terão, por certo, imigrado para os céus.

Muito se pode dizer a respeito de quem cultiva plantas. O homem do vaso de plantas é muito mais humano do que o da tesoura. Vemos satisfeitos seu cuidado com a água e o sol, sua inimizade aos parasitas, seu horror às geadas, sua ansiedade com a lentidão dos botões, sua exultação quando as folhas atingem o brilho próprio. É muito antiga a arte da floricultura no Oriente, e os amores de um poeta e sua planta favorita, com frequência, ficaram registrados na história e em canções. Com o desenvolvimento da cerâmica durante as dinastias T'ang e Sung, ouvimos falar de recipientes maravilhosos feitos para acolher plantas – não simples vasos, mas palácios de pedras preciosas. Designava-se um assistente especial para cuidar de cada flor e lavar-lhe as folhas com pincéis macios feitos de pelo de coelho. Escreveu-se* até que a peônia deveria ser lavada por uma virgem bonita vestida luxuosamente, e a ameixeira-de-inverno regada por um monge frágil e pálido. No Japão, uma das danças mais populares, a Hachinoki, surgida no período Ashikaga, baseia-se na história de um cavaleiro empobrecido que, numa noite de geada, sem ter nada para acender o fogo, cortou suas plantas preferidas, a fim de acolher um monge peregrino. Este não era outro senão Hojo Tokiyori, o Harum-Al-Rachid dos contos japoneses, e o sacrifício não ficou sem recompensa. Essa peça não deixa nunca de verter lágrimas das plateias de Tóquio, mesmo em nossos dias.

Eram tomados cuidados enormes para preservar as delicadas plantas em floração. O imperador Hsüan Sung, da

---

* *P'ing Tzu* – escrito por Yuen-chun-liang.

dinastia T'ang, pendurava sininhos de ouro nos ramos do seu jardim para espantar os pássaros. Era ele também que saía, durante a primavera, com os músicos da corte, buscando alegrar as flores ao som de música delicada. Uma placa singular, que a tradição atribui a Yoshitsune – herói das lendas arturianas do Japão[25] – existe até hoje num mosteiro japonês.* Trata-se de um aviso fixado para proteção de certa ameixeira maravilhosa, e faz-nos um apelo recorrendo ao tom sombrio de uma era guerreira. Depois de aludir à beleza dos botões em flor, diz a inscrição: "Todo aquele que cortar um ramo desta árvore, perderá um dedo em consequência!" Quem dera regras como estas fossem cumpridas em nossos dias contra aqueles que brutalmente destroem flores e mutilam objetos de arte!

Até mesmo no caso dos vasos de flores somos levados a suspeitar do egoísmo humano. Por que afastar as plantas dos seus lares e pedir-lhes que floresçam num meio estranho? Não será o mesmo que pedir aos passarinhos que cantem e se acasalem em gaiolas? Quem já se apercebeu de que as orquídeas sufocam no calor artificial de nossas estufas e anseiam desesperadas por ver os céus ao sul que lhes foram tirados?

O amante ideal das flores é aquele que as visita em seus recantos nativos, como o poeta Tao Yüan Ming que, sentado diante de uma cerca quebrada de bambus, ficava a con-

---

* Em Sumadera, perto de Kobe.

versar com os crisântemos selvagens; ou como o poeta Lin Ho Ching que, perdido entre perfumes misteriosos, vagava ao crepúsculo entre as ameixeiras em flor à beira do Lago Ocidental. Diz-se que o poeta Chou Mou Chu dormia num barco para que seus sonhos pudessem confundir-se com os dos lótus. Outro não era o espírito que movia a imperatriz Komio, uma das mais renomadas soberanas Nara do Japão, quando cantava: "Se te apanho, minha mão te profanará, ó flor! Deixando-te no prado em que estás, ofereço-te aos Budas do passado, do presente e do futuro."

Entretanto, sejamos menos sentimentais. Sejamos menos luxuosos e mais generosos. Dizia Lao-Tzu: "O céu e a Terra são implacáveis." E Kobo Daishi: "Corre, corre, corre, corre, o fluxo da vida vai sempre para a frente. Morre, morre, morre, morre, a morte vem para todos." Para onde quer que nos voltemos, a destruição nos encara. Destruição embaixo e em cima, destruição na frente e atrás. A mudança é o único Eterno – por que não ser tão bem-vinda a Morte quanto a Vida? Não passam de complemento uma da outra – Noite e Dia do Brahma. Pela desintegração do antigo, faz-se possível a recriação. Temos adorado a Morte, deusa impiedosa da misericórdia – sob diferentes nomes. Era a sombra do Eterno-Devorador que os Gueburs saudavam no fogo. É diante do purismo glacial da alma-espada que ainda hoje se prosterna o Japão xintoísta. O fogo místico consome nossa fraqueza, a espada sagrada rouba a escravidão do desejo. Ressurge de nossas cinzas a Fênix da esperança celeste, da liberdade nasce uma realização mais profunda da humanidade.

Por que não destruir as flores, se com isso desenvolvemos formas novas de enobrecer o pensamento do mundo? Basta pedir-lhes que se associem a nosso sacrifício ao belo. Poderemos reparar o ato, consagrando-nos à Pureza e à Simplicidade. Assim pensavam os mestres de chá ao estabelecerem o Culto das Flores.

Todos quantos estejam familiarizados com os hábitos dos mestres de chá de flores japoneses terão por certo notado a veneração religiosa com que tratavam as flores. Não colhem a esmo, mas cuidadosamente selecionam cada galho ou ramo, tendo o olhar voltado para a composição artística que lhes ocupa a mente. Ficariam envergonhados, se acontecesse de cortarem além do absolutamente necessário. É de se notar, nesse sentido, que sempre combinam as folhas – se estas estão presentes – com as flores, pois buscam mostrar a beleza completa da vida das plantas. Neste, como em muitos outros aspectos, diferem seus métodos dos adotados nos países do Ocidente. Aqui, temos olhos apenas para caules floridos, como se fossem cabeças sem corpo, espetados indiscriminadamente dentro de um vaso.

Quando um mestre de chá faz um arranjo de flores do seu gosto, coloca-o no tokonoma, o lugar de honra de uma sala japonesa. Nada se lhe põe ao lado que possa perturbar seu efeito, nem mesmo uma pintura – a menos que haja alguma razão estética especial que justifique a combinação. E ali fica como um príncipe entronado e, ao entrarem no recinto, convidados ou discípulos o saudarão com profunda reverência, antes de se dirigirem ao anfitrião. Fazem-se reproduções de obras-primas para edificação dos apreciadores. A quantidade de literatura sobre o assunto é fantástica. Quando a flor fenece, o mestre entrega-a ternamente ao rio ou a enterra, cheio de cuidados. Por vezes, chega-se a erigir monumentos em sua memória.

O surgimento da Arte do Arranjo de Flores parece ter sido simultâneo ao do Chaísmo, no século XV. As tradições japonesas atribuem o primeiro arranjo de flores àqueles antigos santos budistas que recolhiam as flores derrubadas pelas tempestades e, em sua infinita solicitude por todas as coisas vivas, colocavam-nas em potes d'água. Conta-se que Soami, o grande pintor e sabedor das coisas da corte de Ashikaga Yoshimasa, foi um dos primeiros adeptos desse hábito. Juko, o mestre de chá, foi um de seus discípulos, assim como Senno, fundador da casa de Ikenobo, família tão ilustre nos anais das flores como o foi a dos Kanos na pintura. Com o aprimoramento do ritual do chá ao tempo de Rikyu, em fins do século XVI, atinge também seu máximo desenvolvimento o arranjo de flores. Rikyu e seus sucessores – os celebrados Oda Uraku, Furuta Oribe, Koetsu, Kabori Enshu e Katagiri Sekishu – rivalizavam-se na busca de novas combinações.[26] É preciso lembrar, porém, que o culto das flores pelos mestres de chá era apenas um dos componentes do seu ritual estético, não se caracterizando como uma religião de *per si*. O arranjo de flores, como as outras peças artísticas da casa de chá, subordinava-se ao plano geral da decoração. Assim é que Sekishu determinou que se fizesse uso das flores brancas de ameixeira quando houvesse neve depositada no jardim. Flores por demais vistosas eram inapelavelmente banidas da casa de chá. Um arranjo de flores feito por um mestre de chá perde o significado se removido do local a que originalmente se destinou, pois suas disposição e proporções foram especialmente planejadas tendo em vista o ambiente que o rodearia.

A adoração propriamente dita das flores começou com o surgir dos Mestres de Flores, por volta da metade do século XVII. Torna-se, então, independente da casa de chá e não conhece outras regras que as impostas pelo vaso escolhido. Concepções e métodos novos de execução viabilizam-se, sendo muitas as escolas e os princípios daí resultantes. Dizia um escritor do século XIX que podia contar mais de cem diferentes escolas de arranjo de flores. De um modo geral, dividem-se elas em dois grandes grupos: o formalista e o naturalista. As escolas formalistas, conduzidas pelos Ikenobos, visavam um idealismo clássico, análogo ao da Acadêmica de Kano. Há descrições de arranjos feitos pelos primeiros mestres destas escolas que quase reproduzem as pinturas de flores de Sansetsu e Tsunenobu.[27] A escola naturalista, ao contrário, como indica seu próprio nome, tinha a natureza por modelo, estabelecendo apenas as mudanças de formas necessárias para alcançar a expressão da unidade artística. Desse modo, podemos reconhecer em seus trabalhos os mesmos impulsos que moldaram as escolas de pintura Ukiyoe e Shijo.

Se tivéssemos tempo, seria interessante mergulhar mais do que nos é possível agora nas leis de composição e de detalhes, formuladas pelos diversos mestres de flores desse período, mostrando as teorias fundamentais que pautavam a decoração Tokugawa. Vemo-los referirem-se ao Príncipe Condutor (Céu), ao Príncipe Subalterno (Terra) e ao Príncipe Reconciliador (Homem), e todo arranjo de flores que não incorporasse esses princípios era considerado inócuo e morto. Discorreram muito, outrossim, sobre a importância de tratar as flores em seus três diferentes aspectos: o formal, o semiformal e o informal. Pode-se dizer do primeiro que representa as flores em trajes de baile; o segundo, na confortável elegância do vestido de tarde, e o terceiro, no charmoso roupão de banho.

No que me diz respeito, simpatizo mais com os arranjos de flores do mestre de chá do que com os do mestre de flores. O primeiro é a arte em seu próprio ambiente, e atrai-nos por causa da sua real intimidade com a vida. Gostaríamos de chamar a esta escola de natural, em contraposição às escolas naturalista e formalista. O mestre de chá julga terminada sua função com o ato de selecionar as flores, deixando que elas próprias contem sua história. Entretanto, numa casa de chá, findo o inverno, pode-se ver um ramo delicado de cerejas silvestres entremeadas de botões de camélia; é um eco do inverno que se foi, unido ao prenúncio da primavera. Ou então, se formos a um chá do meio-dia, num verão irritantemente quente, poderemos descobrir na sombra fresca do tokonoma um lírio isolado num vaso suspenso; gotejante de orvalho, parece sorrir da insensatez da vida.

Um solo de flores é interessante, mas num concerto de pintura e escultura a combinação torna-se fascinante. Certa vez, Sekishu colocou algumas plantas d'água num vaso largo para sugerir a vegetação de lagos e pântanos e pendurou na parede superior uma pintura de Soami representando patos selvagens em voo. Shoha,[28] outro mestre de chá, combinou um poema sobre a Beleza da Solidão à Beira-mar com um incensório de bronze, cujo formato era o de uma choupana de pescador, e algumas flores de praia. Um dos convidados deixou escrito que sentiu no conjunto da composição o alento de outono em declínio.

São intermináveis as histórias de flores. Mas, seja-nos permitido contar mais uma. No século XVI, a ipomeia era ainda uma planta rara no Japão. Rikyu tinha todo um jardim plantado dela, e dedicava cuidado constante ao seu cultivo. A fama de suas trepadeiras chegou aos ouvidos de Taikō, que manifestou o desejo de vê-las. Diante disso, convidou-o Rikyu para um chá matinal em sua casa. No dia marcado, Taikō percorreu o jardim, mas em canto algum viu qualquer vestígio da trepadeira. O chão fora aplainado e coberto de cascalho fino e areia. Com raiva o déspota entrou na casa de chá, e aguardava-o ali uma visão que lhe recompôs por inteiro o humor. Sobre o takonoma, num bronze raro de artesanato Sung, repousava uma única ipomeia – a rainha de todo o jardim!

Em exemplos como esse, vemos todo o significado do sacrifício das flores. Talvez as flores também gostem desse significado. Elas não são covardes, como os homens. Algumas flores glorificam-se na morte – assim ocorrem por certo com as flores de cerejeira quando se abandonam livres ao vento. Quem quer que se tenha posto diante da avalanche aromática em Yoshino e Arashiyama, terá percebido isso. Flutuam elas por um momento como nuvens de pedras preciosas e dançam sobre os regatos cristalinos; depois, ao flutuar nas águas sorridentes, parecem dizer: "Adeus, ó Primavera! Partimos para a Eternidade!"

7. OS MESTRES DE CHÁ

Em religião, o Futuro está atrás de nós. Na arte, o Presente é o Eterno. Os mestres de chá afirmavam que a apreciação genuína da arte só é possível para aqueles que dela fazem uma influência viva. Assim, procuravam regular sua vida diária pelo alto padrão de refinamento que alcançavam na casa de chá. Em qualquer circunstância, a serenidade da mente devia ser mantida e a conversação devia conduzir-se de modo a não perturbar a harmonia do ambiente. O talhe e a cor das vestes, o porte do corpo e o modo de andar faziam parte da personalidade artística. Esses aspectos não podiam ser levianamente ignorados, pois, enquanto alguém não se tenha tornado belo, não tem direito de se aproximar da beleza. Por isso, empenhavam-se os mestres de chá em ser algo mais do que artistas: a própria arte. Era o zen do esteticismo. A perfeição está em toda parte onde a soubermos ver. Rikyu gostava de citar um velho poema que diz: "Àqueles que suspiram apenas pelas flores, de bom grado eu mostraria a primavera em pleno desabrochar que habita nos botões lentamente abertos das colinas cobertas de neve."

Múltiplas, na verdade, têm sido as contribuições dos mestres de chá à arte; eles revolucionaram completamente a arquitetura clássica e a decoração de interiores, estabelecendo o estilo novo que já descrevemos no capítulo sobre a casa de chá – estilo a cuja influência se submeteram até mesmo os palácios e mosteiros construídos depois do século XVI. O versátil Kobori Enshu deixou exemplos notáveis de seu gênio na Casa de Campo Imperial de Katsura, nos castelos de Nagoya e Nijo e no mosteiro de Kōhō-an. Todos os jardins famosos do Japão eram decorados por mestres de chá. A porcelana japonesa talvez jamais tivesse alcançado seu alto grau de excelência se os mestres de chá não lhe houvessem emprestado a sua inspiração; a manufatura dos utensílios usados na cerimônia do chá exigindo o máximo dispêndio de engenhosidade da parte de nossos ceramistas. Os Sete Fornos de Enshu são bem conhecidos de todos os estudantes da arte da porcelana japonesa. Muitas tecelagens do Japão usam o nome dos mestres de chá que conceberam as cores e os desenhos de seus tecidos. É realmente impossível encontrar qualquer setor da arte em que os mestres de chá não tenham deixado a marca do seu gênio. Na pintura e na laqueação é quase supérfluo apontar o enorme serviço que lhes tributaram. Uma das maiores escolas de pintura deve sua origem ao mestre de chá Honāmi Koetsu, famoso também na arte da laqueação e da porcelana. Diante de suas obras ficam quase na sombra as esplêndidas criações do seu neto, Kōhō, e de seus sobrinhos-netos, Kōrin e Kenzan.[29] A escola toda de Kōrin, como geralmente a denominam, é uma expressão do Chaísmo. Em linhas gerais, temos a impressão de achar a vitalidade da própria natureza.

Por maior que tenha sido a influência dos mestres de chá no campo da arte, não é nada, se comparado com a que exerceram no modo de viver. Não apenas nos costumes da sociedade culta, mas também no arranjo de todos os nossos detalhes domésticos, sentimos a presença dos mestres de chá. Muitos dos delicados pratos japoneses, assim como a maneira de servir as refeições, são invenções deles. Ensinaram-nos a vestir apenas trajes de cores sóbrias; instruíram-nos quanto ao espírito adequado para que nos aproximássemos das flores. Deram ênfase à propensão natural japonesa pela simplicidade, mostrando a beleza da humildade. Enfim, por meio de seus ensinamentos, o chá penetrou na vida do povo.

Aqueles de nós que desconhecem o segredo do controle adequado da própria existência, neste mar tormentoso de preocupações insensatas a que chamamos vida, estão em estado de constante sofrimento, apesar da vã tentativa de aparentar felicidade e satisfação. Confundimo-nos no esforço de manter nosso equilíbrio moral e vemos presságios de tempestade em cada nuvem a flutuar no horizonte. E, no entanto, quanta beleza e alegria no rolar das ondas enquanto se arrastam rumo à eternidade. Por que não entrar em seu espírito, ou, como disse Lie-Tzu, por que não montar no próprio furacão?

Somente quem viveu com o belo poderá morrer de modo belo. Os últimos momentos dos grandes mestres de chá foram tão plenos de requintes especiais como o foram suas vidas. Procurando sempre estar em harmonia com o grande ritmo do universo, estavam a cada instante preparados para adentrar-se no desconhecido. "O Último Chá de Rikyu" permanecerá eternamente como o ápice da grandeza trágica.

A amizade entre Rikyu e Taikō Hideyoshi foi longa, e foi enorme a estima que o grande guerreiro teve pelo mestre de chá. Mas a amizade de um déspota é sempre uma honra perigosa. A época era carregada de perfídia e as pessoas não confiavam nem nos parentes mais próximos. Rikyu não era cortesão servil, e não raro ousava discordar do seu protetor violento. Valendo-se então da frieza que por algum tempo reinou entre Rikyu e Taikō, os inimigos daquele o acusaram de estar envolvido numa conspiração para envenenar o déspota. Insinuaram a Hideyoshi que o veneno fatal ser-lhe-ia administrado numa xícara da bebida verde preparada pelo mestre de chá. Para Hideyoshi, a suspeita era pretexto suficiente para a execução imediata, e não havia como fugir da vontade do irado monarca. Restava apenas um privilégio ao condenado – a honra de morrer pelas próprias mãos.

No dia marcado para sua autoimolação, Rikyu convidou seus principais discípulos para a última cerimônia do chá. Na hora marcada, os convidados estavam pesarosos junto ao pórtico. Ao olhar para o caminho ajardinado, as árvores lhes pareciam estremecer e no sussurrar das folhas pareciam ouvir suspiros desamparados. As lanternas de pedra cinzenta erguiam-se diante dos portões do Hades, tal como sentinelas solenes. A fragrância de incenso raro espraiou-se vinda da casa de chá; era o apelo que acenava aos convidados para entrar. Um a um, entraram e tomaram seus lugares. No tokonoma estava suspenso um kakemono – um texto maravilhoso de um monge antigo versando sobre a fugacidade das coisas terrenas. O canto da chaleira, que fervia sobre o braseiro, ecoava como uma cigarra soltando seus lamentos ao verão moribundo. Logo apareceu o anfitrião na sala. Um por vez foi servido de chá, e um de cada vez sorveu a sua xícara – o anfitrião por último. De acordo com a etiqueta, o convidado principal pediu, então, licença ao anfitrião para examinar os utensílios usados na cerimônia. Rikyu colocou à sua frente os vários artigos, juntamente com o kakemono. Depois que todos expressaram admiração pela sua beleza, Rikyu presenteou cada um dos participantes com um dos objetos, como lembrança. Conservou apenas a tigela. "Que jamais esta xícara, poluída pelos lábios da desgraça, seja usada por alguém mais." E assim dizendo, partiu-a em pedaços.

A cerimônia terminou; mal contendo as lágrimas, os convidados deram o último adeus e deixaram a sala. Apenas um, o mais próximo e querido, foi convidado a ficar e testemunhar o fim. Rikyu despiu-se da veste própria para a cerimônia do chá e depositou-a cuidadosamente dobrada sobre o tapete; com isso, deixou à vista a túnica de condenado, de um branco imaculado, que até então ocultava. Olha com ternura para a lâmina brilhante da espada fatal e a saúda com estes versos extraordinários:[30]

> "Bem-vinda sejas,
> ó espada da eternidade!
> Através de Buda
> e igualmente através de Daruma
> abriste o teu caminho."

Com um sorriso nas faces, Rikyu ingressou na eternidade.

POSFÁCIO

Parece muito provável que Okakura jamais se preocupou em ler *O Livro do Chá*, quer sob a forma de prova, quer já publicado – pois a primeira edição está crivada de inúmeros erros de impressão. Muitos deles são provavelmente do editor; outros, é provável que resultem de lapsos de memória e pressa de escrever por parte de Okakura. Tais erros mantiveram-se ao longo das reimpressões posteriores, embora na edição australiana de Angus e Robertson (1935) se procurasse corrigir e modernizar as palavras japonesas.

De minha parte, onde os erros consistiam de simples enganos tipográficos (como a impressão de Voshimana para o nome do Shogun japonês Yoshimasa), eu os corrigi sem comentários. Onde o engano envolvia problema mais sério, recorri a notas de rodapé, sem alterar o texto de Okakura: havia risco grande de destruir-lhe o sabor e o encanto.

Problema adicional adveio com o hábito constante de Okakura de usar traduções japonesas para as palavras e nomes próprios chineses. Por exemplo, ele emprega várias vezes o nome japonês Soshi, ao referir-se ao filósofo chinês, conhecido dos chineses e do Ocidente como Chuang-Tzu. É uma pena porque enquanto muitos leitores, que têm alguma familiaridade com o pensamento oriental, poderiam reconhecer os termos chineses, muito poucos são os que têm conhecimento dos seus correspondentes japoneses, que, na melhor das hipóteses, são regionais; com isso, é provável que se perca muito da essência de Okakura. Por essa razão, inseri os nomes chineses consagrados, segundo a romanização de Wade-Giles, entre colchetes, depois da terminologia de Okakura.

NOTAS

1. Lao-Tzu: filósofo chinês do século VI a.C., considerado por tradição o contemporâneo mais velho de Confúcio. O *Tao-Te King* que, depois e próximo da Bíblia é a obra mais traduzida para o inglês, é tida como de sua autoria, embora alguns estudiosos modernos questionem essa atribuição. Seu modo de pensar é místico, individualista, carregado de empatia pelo universo e contemplativo, opondo-se aos conceitos sociais do Confucionismo.

2. Sakyamuni: o Buda histórico, Gautama ou Sidarta. Esse nome significa "Sábio dos Sakias", sendo Sakias o clã de Gautama.

3. Irmã Nivedita: Margaret Noble (1867-1911), inglesa convertida ao hinduísmo, através da ordem Ramakrishna, adotando o nome de irmã Nivedita. Dirigiu uma escola para meninos hin-

dus e sua obra *The Web of Indian Life* [*A Trama da Vida Indiana*], que apresenta uma apreciação bem vívida dos valores espirituais do hinduísmo, baseia-se em suas experiências.

4. Este parágrafo contém vários erros. O viajante árabe em questão era Abuzeid el Hazen, citado por Eusebius Renaudot em *Accounts of India and China by Two Mohammedan Travelers Who Went to Those Parts in the Ninth Century*, na tradução inglesa de 1733, Londres. Não percebo por que Okakura julga europeu esse apontamento.

A afirmação a respeito de Marco Polo é incorreta. Não há referência ao chá na edição Yule de Marco Polo, embora uma passagem duvidosa, referente a cravos das montanhas de Assan, possa ser uma referência distorcida do chá.

Giovanni Battista Ramusio (1485-1559), não era um viajante, mas sim um compilador de viagens; a primeira menção ao chá ocorre em seu *Navigatione et Viaggi* (1559), volume II. F. Louis Almeida foi um missionário que mencionou o chá em carta de 1565; essa carta apareceu numa coleção de materiais editados por Giovanni Maffei (chamado "Maffeno" no texto original de Okakura), em 1588. Taxeira (escrito "Tareira" no original de Okakura) foi um português que estivera em Malaca antes de 1600.

A passagem exata é esta: "Aquela excelente bebida da *China*, aprovada por todos os médicos, chamada pelos *chineses Tcha* e pelos outros povos *Tay* ou *Tee*, é vendida em Sultaness-Head, um *café* situado em Sweetings Rents, pelo Câmbio Real de *Londres*." Esta que foi a primeira propaganda do chá apareceu no *Mercurius Politicus* de 30 de setembro de 1658. Vem fac-similada em *All About Tea* (Trade Journal Company, Nova York, 1935; Volume I, p. 42), obra definitiva de William H. Ukers. (A nota de rodapé existente em outras edições, e apontando o *Mercurius Politicus* como sendo de 1656 e dedicado à propagação do chá entre os russos, está errada.)

5. *Diário de uma viagem de oito dias de Portsmouth a Kingston-upon-Thames, acrescido de um Ensaio sobre o Chá, considerado como prejudicial à saúde e que traz obstáculos à indústria e empobrece a Nação* (Londres, 1756). O *Ensaio sobre o Chá* tem sido editado isoladamente.

6. Citação extraída do comentário de Samuel Johnson ao livro de Hanway. Tem variado ligeiramente de texto para texto. A versão extraída das obras coligidas de Johnson afirma que Hanway não pode esperar imparcialidade de "um empedernido e desavergonhado bebedor de chá, que por muitos anos ameniza suas refeições apenas com a infusão desta planta fascinante; cuja chaleira mal consegue esfriar; que, com o chá alegra as noites, com o chá confronta as madrugadas e com o chá dá as boas-vindas às manhãs". Johnson, como é bem sabido, não via nenhum mal em tomar de trinta a quarenta xícaras de chá por dia.

7. Niuka [Nü Wa]. O mito poético de Okakura difere bastante das versões normalmente encontradas nas fontes chinesas. Nü K'ua Shih, ou Nü Wa, foi uma das soberanas místicas primitivas da China, irmã, esposa e sucessora do primeiro dos Três Imperadores, Fu Hsi. Reinou graças ao poder sobrenatural da floresta, ou princípio da construção; um de seus vassa-

los, K'ung K'ung, rebelou-se e tentou destruir-lhe o reino pelo poder da água, ou dissolução. K'ung K'ung foi derrotado pelo General Chu Yung, mais tarde transformado em deus do fogo. K'ung K'ung chocou a cabeça contra a Montanha Imperfeita, despedaçou-a e quebrou os suportes que sustentavam os céus. Então Nü K'ua forjou os cinco metais preciosos em seu caldeirão e consertou o firmamento; como novos suportes para os quatro cantos, colocou os pés da tartaruga cósmica. Versões inglesas mais detalhadas deste mito etiológico podem ser encontradas em *The Mythology of All Races*, Volume VIII, *Chinese*, de John C. Ferguson (Boston, 1937) e em *Myths and Legends of China*, de E. T. C. Werner (Londres, 1922).

8. O grande Avatar. A Revelação, de acordo com o budismo, é um processo contínuo, e outro Buda deverá nascer na Terra, num futuro não muito distante. Chamado Maitreya (Miroku em japonês), será a encarnação da misericórdia e continuará o trabalho de salvação iniciado pelos Budas anteriores.

9. Sesson, pintor japonês (1485-1570). [A E. Britannica registra 1504 cerca de 1589. (N.T).] Famoso pelas paisagens enevoadas, esmaecidas, da escola de Sesshiu.

10. Lichihlai [Li Chi Lai]. Aqui parece que há um erro no texto de Okakura. Hiroshi Muraoka, editor da edição japonesa de *The Book of Tea* (Tóquio, 1938), sugere que deveria ser Li Chi Chin. Na pronúncia japonesa, o último caractere ler-se-ia "kei", que, escrito em má caligrafia inglesa, pode ter sido lido erradamente como "lai". Todavia, Muraoka acrescenta que não se encontra essa citação em Li Chi Chin.

11. As dinastias chinesas são as seguintes:

Shang	século XVIII a.C. – século XII a.C.
Chou	século XII a.C. – 249 a.C.
Ch'in	246 a.C. – 207 a.C.
Han	206 a.C. – 220 d.C.

    Período dos Três Reinos
Sui	589 d.C. – 618 d.C.
T'ang	618 d.C. – 906 d.C.

    Período das Cinco Dinastias
Sung	960 d. C. – 1279 d.C.
Mongol (Yüan)	1280 d. C. – 1368 d.C.
Ming	1368 d. C. – 1644 d.C.
Manchu (Ch'ing)	1644 d. C. – 1911 d.C.

12. Preparação do chá. Eis um trecho do *Kuang Ya*, escrito por Chang I, no século V. d.C.: "Para fazer chá como bebida, cozinhe a massa até que se colora de vermelho, decomponha-a em pedacinhos, coloque-os num pote de porcelana, derrame água quente sobre eles, e acrescente cebola, gengibre e laranja." Citado por Ukers em *All About Tea* (veja a Nota 4).

13. Lu Wu ou Lu Yü (morto em 804 d.C.); autor do primeiro livro conhecido a respeito do chá. Em *All About Tea* já citado (veja a Nota 4), encontram-se uma biografia detalhada de Lu Wu e extensa referência ao *Ch'a Ching*, com trechos traduzidos.

14. Horaisan. A designação chinesa é P'eng-lai-shan. Trata-se de ilhas místicas no mar oriental, geralmente associadas à imortalidade. Desempenham tais ilhas papel importante na literatura folclórica japonesa e chinesa, especialmente na tradição alquímica taoista que se dedicava à busca do elixir da vida. De acordo com a crença chinesa, nela se podia encontrar um cogumelo que conferia imortalidade, enquanto os japoneses acreditavam que a árvore da vida crescia na ilha central. Consta que durante a idade média chinesa muitos indivíduos e expedições navegaram para as bandas orientais em busca dessas ilhas.

15. Bodhidharma, frequentemente chamado Daruma, no Japão. Figura semilendária, diz-se que Bodhidharma trouxe o budismo mahayana da Índia para a China, chegando a Cantão por via marítima, por volta do ano 520. É o primeiro patriarca zen, atribuindo-se-lhe notáveis habilidades em meditação yogue. De acordo com certa lenda, suas pernas atrofiaram-se por desuso e caíram, daí suas imagens serem geralmente sem pernas, chamando-as os leigos de homens-de-neve. Segundo outra lenda, ao perceber que a fadiga fazia-lhe os olhos fechar, perturbando-lhe a meditação, cortou fora as pálpebras que se transformaram em folhas de chá.

16. Saicho, mais conhecido pelo nome adquirido posteriormente, Dengyo Daishi, foi enviado à China pelo Imperador do Japão, em busca de informações culturais. É tido como o introdutor no Japão da seita budista Teudai.

17. Kwanyin [Yin Hsi]. Não se deve confundir este personagem com a divindade budista da China, Kwanyin, a imagem misericordiosa em forma de madona, tão frequentemente retratada na arte chinesa e japonesa. (A forma japonesa usual para o Bodhisattva é Kwannon ou Kannon.) De acordo com a biografia tradicional de Lao-Tzu, este, em idade avançada, viu que o reino de Chou onde vivia estava para entrar em colapso e reconheceu que seus ensinamentos eram negligenciados. Montado num búfalo, dirigiu-se para o Oriente, fora da China, e desapareceu. Ao atravessar a Passagem de Han, na atual Honan, foi barrado pelo guardião do portal, Yin Hsi, conhecido também como Kwan Yin, que lhe pediu que esperasse um momento. Yin Hsi, ele próprio um sábio reconhecido, aguardava durante anos numa palhoça pelo dia em que um Imortal haveria de transpor a passagem. Yin Hsi persuadiu Lao-Tzu a escrever seus ensinamentos, resultando daí o manuscrito do Tao-Te King, ou o grande livro dos taoistas.

18. Personalidades culturais chinesas do norte versus as do sul. Embora possa ser válida a afirmação de Okakura relativamente aos tempos mais recentes, é incorreto considerar Lao-Tzu e os taoistas primitivos como sulistas, ou alegar que suas ideias tenham origem no sul. Ao tempo de Confúcio, a cultura chinesa concentrava-se ainda no norte, havia uma variedade imensa de especulações religiosas e filosóficas nesse período crucial da China, e Lao-Tzu era praticamente vizinho de Confúcio.

19. Lie-Tzu, filósofo taoista tradicionalmente situado no 4º século a.C. "Havia ainda Lie-Tzu, que se deixou levar pelo

vento, com a maior das indiferenças. Durante quinze dias não retornou. Liberou-se completamente de todo o anseio terreno por fortuna." Extraído de *Dschuang Dsi, Das Wahre Buch vom Südlichen Blütenland*. Richard Wilhelm (tradutor) – Jena, 1923.

20. O culto de relíquias por longo tempo fez parte do budismo, pois, depois da morte de Gautama, conservaram-se fragmentos de sua cremação (inclusive dos carvões queimados). Segundo alguns grupos budistas, a conquista do estado de Buda (transformando-se num Bodhisattva) é marcada por sinais fisiológicos, incluindo alguns aspectos que persistirão depois da morte. Uma série de glândulas calcificadas ao redor do pescoço, por exemplo, é conhecida como colar de Buda e contas isoladas podem ser procuradas mais tarde para fins mágicos. Okakura escreveu a respeito de shah-li ("Shali"): "Joias preciosas formadas nos corpos de budas, depois da cremação." Creio que melhor seria dizer "encontradas" e não "formadas".

21. Sukiya. Dada a parte considerável do seu vocabulário de origem chinesa, têm os japoneses notável habilidade para criar trocadilhos e ambiguidades propositadas. O termo real para o local de chá seria "sukiya", que é praticamente um equivalente direto da nossa "casa do prazer" (pleasure-house). Entretanto, existem várias e diferentes palavras japonesas "suki", com significados bem diversos; cada um tem sua própria representação chinesa, uma vez que as representações atêm-se antes ao sentido do que à pronúncia:

好家 sukiya: casa do prazer, lugar do prazer
空家 sukiya: lugar do vazio, de "suku" = ser vazio
數寄家 sukiya: lugar do paladar e da decoração
數奇家 sukiya: lugar de venturas variadas

A última combinação, que Okakura traduz como "o não simétrico", equivale, de fato, na linguagem moderna a "altos e baixos, uma ocupação diversificada, uma vida colorida", tendo conotação ligeiramente negativa.

Estas figuras de linguagem são intencionais, naturalmente, mas, quando há uma ambiguidade em japonês (e mais ainda no chinês), não é incomum o interlocutor desenhar rápido com o dedo, na palma da mão, o caracter que se ajusta ao sentido que tem em mente.

22. Hideyoshi (1536-1598), o verdadeiro governante do Japão de 1582 a 1598, frequentemente chamado o Napoleão do Japão. Nesse período da história japonesa, o Imperador era figura de proa do culto, apenas com responsabilidades cerimoniais, e sem poder real; o Shogun, que suplantara o imperador, tornou-se também figura importante, sendo seu cargo uma posição hereditária na família Minamoto; o poder real concentrava-se nas mãos dos cavaleiros feudais e ditadores militares. Hideyoshi, camponês de origem, tornou-se tenente do general de clã Nobunaga, e morto este, fez-se ditador do Japão, recebendo finalmente o título de "Taikō". Sob o governo de

Hideyoshi, o Japão, que estivera dividido em feudos semi-independentes, unificou-se; estabeleceu-se forte governo central, cessaram as investidas europeias, e o Japão sofreu invasão apenas parcialmente bem-sucedida da China e da Coreia. Hideyoshi era general e administrador brilhante, todavia, irascível, desconfiado e implacável.

23. Kasyapa e Ananda, dois seguidores de Gautama, o Buda histórico. Depois da morte de Gautama, Kasyapa tornou-se líder do grupo, sendo mais tarde secundado por Ananda, discípulo favorito de Buda. Os historiadores zen afirmam que Kasyapa e Ananda conheciam uma tradição secreta, o zen, que transmitiam, sem revelá-lo totalmente ao mundo. Outras seitas budistas não compartilham desta opinião.

24. Manjusri, um bodhisattva, personificação da sabedoria e do intelecto, reverenciado particularmente na China e no Japão.

25. A comparação de Okakura entre Yoshitsune e o rei Artur é um tanto equivocada – exceto pelo fato de que ambos os heróis proporcionaram farto material aos narradores de folclore, poetas, dramaturgos e novelistas. Yoshitsune (1159-1189) foi personagem histórico cujo heroísmo e destino trágico despertaram a simpatia dos japoneses. Durante a Guerra do Gempei, quando os clãs rivais de Taira e Minamoto litigiavam pelo controle do Japão, deveu-se em grande parte ao brilhantismo de Yoshitsune e a derrota dos Taira em terra e mar. Seu irmão mais velho, Yoritomo, chefe do clã, tornou-se shogun; entretanto, enciumado da popularidade e habilidade de Yoshitsune, expulsou-o da corte. Mais tarde, foi perseguido nos desertos

do norte do Japão por assassinos, a mando de Yoritomo, e provavelmente suicidou-se.

Yoshitsune encarna o herói cavaleiresco por excelência do Japão medieval, e os lances da sua vida assemelham-se em parte com os personagens e modos de Robin Hood, Bayard e Sir Galahad. Órfão em consequência de prematuro conflito do clã "escaramuçador", foi educado num templo budista, mas dedicava-se secretamente, à noite, a treinos militares. Antes de se transformar em cavaleiro errante e general, venceu o tenente igualmente famoso – o monge gigante Benkei – depois de um combate de bastão e espada sobre uma ponte – reminiscência do encontro de Robin Hood com Little John. Segundo as lendas, venceu ele muitos combates e subjugou muitos ogros, antes de alcançar seu destino de general Minamoto.

26. Eis a época em que viveram estes mestres do chá: Juko: 1422-1502; Rikyu: 1521-1591; Oda Uraku: 1552-1621; Furuta Oribe: 1543-1615; Koetsu: 1568-1637; Kobori Enshu: 1579-1647; Katagiri Sekishu: 1605-1673. Ver também as notas 27 a 29.

27. Sansetsu: 1589-1651; Tsunenobu: 1636-1713.

28. Shoha, 1524-1600.

29. Kōhō: 1601-1682; Kōrin: 1661-1716; Kenzan: 1663-1743.

30. O adeus de Rikyu consiste realmente de um poema japonês e de um poema chinês que Okakura, ao que parece, fundiu de forma livre numa única estrofe. Daisetz Suzuki, em seu *Zen and Japanese Culture* (Nova York, 1959), p. 319, apresenta uma tradução literal de ambos os poemas.

IMPRESSÃO E ACABAMENTO
COMETA GRÁFICA EDITORA
TEL/FAX - 11 2062.8999
www.cometagrafica.com.br